Rolf Meier

Lernen mit Köpfchen

Clevere Strategien für garantierten Lernerfolg

ISBN 978-3-89749-926-3

Lektorat: Dr. Reiner Gosmann, Soest | www.learning-concepts.de
Umschlaggestaltung: Martin Zech Design, Bremen | www.martinzech.de
Umschlagfoto: Jamie Grill/Tetra images/getty images
Satz und Layout: Koemmet Agentur für Kommunikation, Wuppertal |
www.koemmet.com
Druck und Bindung: Salzland Druck, Staßfurt

www.gabal-verlag.de

Inhalt

1, 2, 3, los...

Sie wollen etwas erreichen, Sie wollen vorwärtskommen, Sie wollen sich neuen Herausforderungen stellen. Das ist gut so. Was immer Sie angehen, es hat etwas mit Lernen zu tun.

Nun werden Sie vielleicht sagen: »*Lernen, das kann ich. Das mach ich doch täglich.*« Das stimmt zweifellos. Denn jeder Mensch ist in seinem Leben immer wieder neuen Lernsituationen ausgesetzt. Er muss sich immer wieder auf andere Anforderungen, auf neue Menschen und neue Umstände einstellen, sich in eine neue Umwelt einfinden. Von neuen Computerprogrammen über neue Arbeitsverfahren bis zur Verbesserung der eigenen Fremdsprachenkenntnisse, häufig stehen Sie vor neuen Lernanforderungen. Lernen ist deshalb eine Grundvoraussetzung für Erfolg im Leben. Von Geburt bis ins hohe Alter. Doch manchmal fällt einem Lernen schwer. Besonders wenn man lernen soll oder lernen muss. Man hat keine Lust, Wochen zu opfern, um sich auf eine Prüfung vorzubereiten oder Monate und Jahre einzusetzen, um einen Abschluss zu erreichen. Man findet keinen Zugang zum Stoff. Man hat Schwierigkeiten mit dem Lernen selbst. Und damit Lernen für Sie keine Mühsal wird und Sie Ihr Lernpensum schnell und sicher schaffen, ist es wichtig, dass Sie richtig lernen. Denn viele Schwierigkeiten beim Lernen haben ähnliche Ursachen: Lernende beachten einfache Regeln nicht, sie organisieren das Lernen falsch. (Wieder) effizient zu lernen bedeutet deshalb oft im ersten Schritt, wieder richtig lernen zu lernen. Richtig lernen bedeutet für Sie auch, so zu lernen, wie es für Sie am besten ist. Denn jeder Mensch ist anders und lernt auch anders.

Wie Sie am besten lernen und was Sie beachten müssen, um mit vertretbarem Aufwand ein gutes Ergebnis zu erreichen, erfahren Sie in diesem Buch. Es soll Sie anregen, sich über Dinge, die mit Lernen und Merken in Zusammenhang stehen, Gedanken zu machen und für sich selbst zu überlegen, wie Sie effizienter lernen können. Ziel ist Ihnen zu helfen, zwei Dinge zu erreichen: leichter zu lernen und mehr zu behalten.

Ziel

leichter lernen   ↙   ↘   besser behalten

Sie können mit dem Buch auf zwei verschiedene Art arbeiten:

Sie haben ein konkretes Lernprogramm vor sich, etwa eine Fremdsprache zu lernen oder sich auf eine Prüfung vorzubereiten. Dann arbeiten Sie bitte das Buch Schritt für Schritt durch und versuchen Ihre Erkenntnisse gleich bei Ihrer aktuellen Lernaufgabe anzuwenden.

Sie haben im Moment keinen konkreten Lernanlass. Dann sollten Sie mit dem Einschätzungstest beginnen. Sie finden ihn gleich hinter der Einleitung. So erfahren Sie, wo Sie Ihr Lernverhalten weiter verbessern können, für Ihr nächstes Lernvorhaben oder für die vielen kleinen Lernaufgaben im Alltag, und können dann gezielt nachlesen. Zudem können Sie den Text »nur« durchsehen, Sie können aber auch die zahlreichen Übungen und Tests ausfüllen. Das kostet natürlich mehr Zeit, das Ergebnis ist aber entsprechend nachhaltiger.

Als Hilfestellung beim Lesen haben wir im Text verschiedene Piktogramme eingebaut.

☕	Pause
👉	Tipps & Tricks
⊗	Checkliste & Arbeitshilfe
✎	Aufgabe
📋	Umsetzungsaufgabe
📌	Zusatzinformationen
📖	Zusammenfassung
🔍	Beispiel
👁	Besonders wichtig

Falls Sie sich noch intensiver mit dem Thema auseinandersetzen wollen:

 Hinter diesem Symbol finden Sie nützliche Zusatzinformationen. Für das Verständnis des Textes sind diese Informationen nicht erforderlich; wenn Sie wenig Zeit haben, können Sie sie problemlos auslassen.

Dann kann es auch schon losgehen.
Ich wünsche Ihnen viel Spaß beim »Lernen mit Köpfchen«.

Einführung: Gestatten, Gehirn

Richtig lernen bedeutet sein Gehirn möglichst effektiv zu nutzen. Deshalb vorab einige Informationen zum wohl erstaunlichsten Meisterwerk der Natur, das wir kennen. Alles was der Mensch jemals entwickelt hat, hat den Ursprung in seinem Gehirn, einem komplexen Organ aus Nervengewebe, das überwiegend aus Eiweiß und Fett besteht.

Unser Gehirn umfasst zwar nur ca. zwei Prozent des Körpergewebes, es verbraucht aber über 50 Prozent der Energie, genauer der Glukose im Blut. Auch mit Sauerstoff wird das Gehirn gut versorgt, 20 Prozent des Blutes werden vom Herzen zum Gehirn gepumpt. Sauerstoff ist für die Arbeit des Gehirns lebenswichtig. Nur zehn Sekunden ohne Sauerstoff und wir verlieren das Bewusstsein. Diese Versorgung mit Sauerstoff und Energie braucht das Gehirn aber auch, denn es ist ein Hochleistungsorgan, das alle wichtigen Abläufe im Körper steuert und alle Reize, die von außen kommen, verarbeitet. Es regelt vom Schlafrhythmus bis zu kreativen Höchstleistungen alle wichtigen Vorgänge. Es ist darauf getrimmt, Tausende von Informationen gleichzeitig aufzunehmen und uns in jeder Sekunde mit relevanten Daten zu versorgen. Unser Gehirn stellt uns zudem einen Speicher von so immensen Ausmaßen zur Verfügung, dass wir ihn ein Leben lang nicht ausschöpfen können. Es bietet uns für viele Gelegenheiten spezialisierte Einzelspeicher. Sein Suchalgorithmus ist hoch effizient und wir können seine »Rechenleistung« und seinen »Speicherplatz« sogar noch steigern. Kein Computer kann hier mithalten. Erst allmählich lernt die Wissenschaft dieses Wunderwerk zu verstehen.

📌 Die Größe des Gehirns

Die Größe des Gehirns hat nichts mit der Leistungsfähigkeit zu tun. Sonst müssten Genies wie Albert Einstein, Emanuel Kant oder Isaak Newton ein größeres Gehirn haben als der Durchschnittsbürger. Dem ist aber nicht so, wie Autopsieberichte bestätigen.

Auch der Unterschied zwischen den Geschlechtern spielt keine Rolle. Bei Frauen beträgt das durchschnittliche Gewicht 1245 g, bei Männern 1375 g. Gäbe es einen Zusammenhang, würden ältere Menschen weniger leistungsfähig sein als junge. Denn das Volumen des Gehirns schrumpft im Laufe des Lebens um 20 Prozent.

Unser Gehirn verfügt über ca. 100 Milliarden Nervenzellen. Wie immens hoch diese Zahl ist, zeigt ein Vergleich: Wenn Sie jetzt beginnen würden, jede Nervenzelle als Kreis auf ein Blatt Papier zu malen, würden Sie gerade mal drei Prozent der Zellen in Ihrem Leben schaffen.

Nervenzellen sind bis zu 0,1 Millimeter lang. Die Nervenzellen können sich über sogenannte Synapsen miteinander verbinden. Botenstoffe sorgen dann für den Austausch von Informationen. Die Zahl der Synapsen ist noch schwindelerregender. Es sind schätzungsweise 100 Billionen, ausgeschrieben 100.000.000.000.000. Jede Nervenzelle ist damit im Schnitt mit 1.000 anderen Zellen verbunden. Damit ist jede beliebige Nervenzelle in maximal vier Schritten von jeder anderen erreichbar. Nimmt man alle Nervenzellen zusammen, käme man auf eine Länge von 5,8 Millionen Kilometer. Damit könnte man ein Band zwischen Erde und Mond spannen, und zwar gleich 151-mal.

In den Zellen sind mehr als 10.000 unterschiedliche Eiweißstoffe (Proteine) aktiv, als Träger der Information. Gedanken, Erlebnisse, Gefühle, Erfahrungen, Erinnerungen – all dies spiegelt sich in der Zahl der Proteine, in der Zusammensetzung und in der Verknüpfung zwischen Zellen. Selbst im Schlaf ist unser Gehirn aktiv. Ständig werden zig Signale ausgetauscht.

 Arbeitsteilung im Gehirn

Denken und Fühlen

Betrachten wir unser Gehirn, sehen wir zwei Halbkugeln. Die Oberfläche ist stark gefaltet. Es ist unser Großhirn. Das Großhirn ist überwiegend verantwortlich für Wahrnehmungen, Denken, Fühlen und unser Bewusstsein.

Beide Hälften sind verbunden über einen dicken Nervenstrang, Balken genannt. Die Oberfläche wird Großhirnrinde oder Kortex genannt. Hier befinden sich die meisten Zellen. Jede Gehirnhälfte besteht wiederum aus vier sogenannten Gehirnlappen, genauer aus Frontallappen, Scheitellappen, Schläfenlappen und Hinterhauptlappen.

Jeder dieser Lappen hat unterschiedliche Aufgaben wie Aufmerksamkeitssteuerung, Verarbeitung von visuellen Eindrücken und auditiven Eindrücken, Koordination, Sprache, Gefühle.

Arbeitsteilung im Gehirn

Koordinieren und Lernen

Neben dem Großhirn verfügen wir über ein Kleinhirn. Es besteht ebenfalls aus zwei Hälften. Das Kleinhirn ist unter anderem für Gleichgewicht und für die Koordination von Bewegungen zuständig. Nach neueren Forschungen scheint das Kleinhirn auch für unbewusste Lernprozesse zuständig zu sein. Vor allem für Vorgänge, die erst gelernt werden, dann automatisiert ablaufen. Anders geht es auch nicht: Würden Sie bei jeder Treppenstufe überlegen, wie Sie sie am besten heruntersteigen, würden Sie wahrscheinlich stolpern, würden Sie erst einmal überlegen, was passiert, wenn jetzt der Wagen vor Ihnen scharf bremst, wären Sie ihm wahrscheinlich längst aufgefahren.

Regulieren und Steuern

Dritter Bestandteil ist das Zwischenhirn. Es regelt den Schlafrhythmus, die Körpertemperatur und das Empfinden von Schmerzen. Im oberen Teil, Thalamus genannt, laufen die Informationen zusammen, die über die Sinnesorgane aufgenommen werden. Der Hypothalamus steuert zahlreiche körperliche, aber auch psychische Vorgänge. Gefühle wie Furcht, Freude, Enttäuschung entstehen hier. Viele Funktionen laufen hierbei automatisch ab. Lebenswichtige Funktionen wie das Herz, die Atmung, aber auch die Nahrungsaufnahme, die Vorgänge in Magen und Darm, das Ausscheiden und die Fortpflanzung steuert das Zwischenhirn. Auch der Energienachschub für das Gehirn wird von den Nervenzellen übernommen.
Der älteste Teil des Gehirns ist das Stammhirn. Es ist zuständig für die Verarbeitung von Sinneseindrücken, für die Motorik und für Reflexe.

Denken – Fühlen – Lernen

Wenn Sie wissen, wie Ihr Gehirn funktioniert, können Sie mit weniger Aufwand mehr lernen und mehr behalten. Ohne Gedächtnis wäre Lernen nicht möglich.

Wie unser Gedächtnis funktioniert, wissen Sie bereits: Nervenzellen werden durch ankommende Reize erregt und senden nun wiederum elektrische Impulse mit Hilfe von Botenstoffen an andere Zellen. Rezitiert man ein Gedicht oder ruft sich einen schönen Moment des letzten Urlaubs in Erinnerung, ruft man also ein Netz von Nerven auf, die uns zusammen die gewünschten Informationen liefern. In Sekundenbruchteilen entsteht ein Bild vor unserem geistigen Auge. Höchstleistungen sind nicht selbstverständlich. Wir selbst können entscheiden, wie fit wir geistig bleiben und wie gut unser Gehirn trainiert ist. Unser Gehirn braucht Anregungen, es will gefordert werden. Schon ein dreiwöchiger Faulenzerurlaub am Strand kann sich negativ auf die Leistungsfähigkeit auswirken. Auf der anderen Seite sind wir zu phänomenalen Leistungen fähig, wenn wir die Fähigkeiten unseres Gehirns nur richtig ausreizen.

In fünf Minuten mehrere Reihen mit 40 Zahlen lernen? Unmöglich? Nein, Gedächtniskünstler schaffen das, mit viel Übung und den richtigen Techniken. Auf der anderen Seite klagen viele Menschen darüber, dass sie Schwierigkeiten haben sich Dinge zu merken, und glauben deshalb, sie hätten ein schlechtes Gedächtnis. Doch das ist eher ein Vorurteil als eine Tatsache. Meist sind es schlicht und einfach ineffiziente Techniken, die uns Dinge immer wieder vergessen lassen.

Hier gleich die ersten Tipps, wie Sie Ihr Gehirn leistungsfähig erhalten:
- **Spielen Sie**
  Bei vielen Brettspielen wie Schach und Go, bei Kartenspielen wie Doppelkopf und Skat und bei vielen Gesellschaftsspielen werden Ihre Gehirnzellen trainiert. Sie fördern die Konzentrationsfähigkeit, logisches Schließen, schnelle Reaktion und Assoziationsfähigkeit. Hinzu kommt die soziale Komponente. Denn auch der Austausch mit anderen schützt Sie vor geistiger Trägheit.
- **Schlafen Sie gut**
  Vielleicht überraschend, aber es gibt tatsächlich einen Zusammenhang zwischen ausreichendem Schlaf und Gedächtnisleistung. Nachts, in den sog. REM-Phasen, den Traumphasen, verarbeiten wir die Informationen des Tages. Unser Gehirn rekapituliert sozusagen noch einmal die erlebten Geschehnisse und die gewonnenen Informationen, bewertet sie, ordnet sie. Besonders gut im Gedächtnis haften bleiben dabei wichtige und emotional besetzte Eindrücke. Diese Prozesse benötigen Zeit, weshalb ausreichend Schlaf, genauer gesagt genügend REM-Phasen wichtig sind. Und diese Phasen sollten ungestört verlaufen. Deshalb sollten Sie (zu viel) Alkohol am Abend vermeiden, zumindest wenn Sie lernen. Das stört den Schlafrhythmus.

- **Meiden Sie Stress**

  Stress belastet Körper und Geist. Wer ausgepowert ist und seinem Gehirn zu viel zumutet, den wird das Gehirn mit Blockaden strafen. Vielleicht hatten Sie auch schon mal das Gefühl, keinen vernünftigen Gedanken mehr fassen zu können. Sorgen Sie für ausreichende Pausen und für Erholung.

- **Bewegen Sie sich**

  Körperliche Bewegung fördert die Durchblutung des Gehirns. Wer körperlich träge ist, wird auch schnell geistig träge. Abhilfe ist ganz einfach: Schon ein kurzer Spaziergang versorgt Ihr Gehirn mit 20 Prozent mehr Blut und damit Sauerstoff. Doch das ist nicht alles: Das Gehirn wird besser mit Nährstoffen versorgt, die Zahl der Verbindungen zwischen den Nervenzellen nimmt zu. Hier gilt die alte Regel: Zwei- bis dreimal die Woche mindestens eine Stunde Bewegung. Für einen klaren Kopf eignen sich besonders Golf, Tennis, Badminton, Tischtennis und alle Mannschaftsspiele sowie Joggen und Radfahren. Letztere vor allem dann, wenn Sie regelmäßig die Strecke wechseln.

- **Essen Sie sich fit**

  Vielleicht haben Sie schon einmal den Begriff »Brainfood« gehört. Tatsächlich hat die Ernährung einen Einfluss auf die geistige Fitness. Deshalb brauchen Sie aber nicht auf spezielle Kost umzusteigen. Was das Gehirn braucht, sind vor allem Kohlenhydrate, um mit genügend Energie versorgt zu werden – am besten in Form von Vollkorn, Obst und Gemüse. Eiweiß fördert die Bildung von Boten-stoffen, den Transporteuren der Informationen im Gehirn, zu finden etwa in Fisch und magerem Fleisch. Für die Zufuhr »guter« Fette sorgen zum Beispiel Nüsse. Auch ausreichend Flüssigkeit ist für die Arbeit unseres Gehirns wichtig.

Einschätzungshilfe: Wie erfolgreich sind Ihre Lernstrategien?

Mit der folgenden Einschätzungshilfe können Sie eine erste Bestandsaufnahme Ihrer Kompetenz in Lern- und Merktechnik vornehmen. Bitte seien Sie selbstkritisch bei der Beantwortung der Fragen.

		nie	selten	manchmal	normaler-weise	meistens	immer
		0	1	2	3	4	5
1	Versuchen Sie sich beim Lernen eine gute Motivationsgrundlage zu schaffen?	☐	☐	☐	☐	☐	☐
2	Kennen und nutzen Sie Ihren bevorzugten Lernweg?	☐	☐	☐	☐	☐	☐
3	Setzen Sie sich beim Lernen Ziele?	☐	☐	☐	☐	☐	☐
4	Lernen Sie nur, wenn Sie die notwendige Konzentration aufbringen können?	☐	☐	☐	☐	☐	☐
5	Schaffen Sie sich bei neuem Lernstoff erst eine Übersicht?	☐	☐	☐	☐	☐	☐
6	Arbeiten Sie beim Lernen mit Eselsbrücken?	☐	☐	☐	☐	☐	☐
7	Versuchen Sie Auswendiglernen zu vermeiden?	☐	☐	☐	☐	☐	☐
8	Versuchen Sie beim Lernen, verschiedene Lernkanäle zu nutzen?	☐	☐	☐	☐	☐	☐
9	Arbeiten Sie beim Lernen mit Belohnungen?	☐	☐	☐	☐	☐	☐
10	Versuchen Sie beim Lernen bewusst Verknüpfungen mit bekanntem Wissen aufzubauen?	☐	☐	☐	☐	☐	☐
11	Versuchen Sie bei neuem Lernstoff, erst einmal Ihre Vorerfahrungen zu aktivieren?	☐	☐	☐	☐	☐	☐
12	Nutzen Sie Merktechniken als Merkhilfe?	☐	☐	☐	☐	☐	☐

		nie	selten	manchmal	normaler-weise	meistens	immer
		0	1	2	3	4	5
13	Informieren Sie sich über neue Entwicklungen in Ihrem Fachgebiet?	☐	☐	☐	☐	☐	☐
14	Versuchen Sie umfangreichen Lernstoff Schritt für Schritt zu erarbeiten?	☐	☐	☐	☐	☐	☐
15	Machen Sie sich bei umfangreichem Lernstoff einen Lernplan?	☐	☐	☐	☐	☐	☐
16	Versuchen Sie unnötige Merkleistungen zu vermeiden?	☐	☐	☐	☐	☐	☐
17	Nutzen Sie beim Lernen Bilder und Grafiken?	☐	☐	☐	☐	☐	☐
18	Arbeiten Sie mit visuellen Assoziationen, um sich besser Namen zu merken?	☐	☐	☐	☐	☐	☐
19	Wiederholen Sie Lernstoff in regelmäßigen Abständen?	☐	☐	☐	☐	☐	☐
20	Versuchen Sie sich auf unterschiedliche Weise mit dem Lernstoff auseinanderzusetzen?	☐	☐	☐	☐	☐	☐
21	Machen Sie beim Lernen regelmäßig Pausen?	☐	☐	☐	☐	☐	☐
22	Arbeiten Sie beim Lernen gezielt mit inneren Bildern?	☐	☐	☐	☐	☐	☐
23	Arbeiten Sie wichtige Texte systematisch durch?	☐	☐	☐	☐	☐	☐
24	Verknüpfen Sie beim Lernen von Zahlenreihen die Zahlen mit Bildern?	☐	☐	☐	☐	☐	☐
	Punkte:						

Wenn Sie bei jeder Frage die Rubrik »immer« angekreuzt haben, dürfen wir Ihnen zu Ihren effektiven Lernstrategien gratulieren und Sie können dieses Buch eigentlich wieder aus der Hand legen. Dies wäre schön, ist aber unwahrscheinlich. Dazu werden bei so etwas Alltäglichem wie Lernen zu viele Fehler gemacht. Nutzen Sie deshalb diese Schritt-für-Schritt-Anleitung, um es besser zu machen. Werten Sie Ihre Antworten im Detail aus und analysieren Sie, welche Probleme beim Lernen und Merken häufig vorkommen. Dies sollten auch die Punkte sein, die Sie als Erstes ändern.

Übertragen Sie dazu bitte die Punkte in folgende Tabelle und addieren Sie die Werte der einzelnen Spalten:

Thema 1		Thema 2		Thema 3		Thema 4		Thema 5		Thema 6		
1		2		3		4		5		6		
7		8		9		10		11		12		
13		14		15		16		17		18		
19		20		21		22		23		24		Summe

Wie viele Punkte haben Sie insgesamt erreicht?

0 - 30 Punkte Sie können Ihr Lernverhalten wesentlich effektiver gestalten. Fangen Sie möglichst sofort an und arbeiten Sie intensiv das ganze Buch durch.

31 - 60 Punkte Sie werden im Buch viele Möglichkeiten finden, Ihre Kompetenz in Sachen Lernen und Merken zu optimieren. Nutzen Sie sie.

61 - 89 Punkte Sie befinden sich im Durchschnitt. Wenn Sie zu denen gehören möchten, denen effektives Lernen besonders gut gelingt, konzentrieren Sie sich auf die Schritte mit der geringsten Punktzahl.

90 - 120 Punkte Ein Lob für Ihre Lernstrategien. Ob Sie im Detail noch etwas verbessern können? Lesen Sie nach und sehen Sie sich die Checklisten an.

Die Einschätzungshilfe überprüft sechs verschiedene Themen. Deshalb können Sie auch überprüfen, welche Einzelthemen für Sie besonders wichtig sind.

Kreuzen Sie die Themen an, bei denen Sie die wenigsten Punkte hatten:					
Thema 1	Thema 2	Thema 3	Thema 4	Thema 5	Thema 6
☐	☐	☐	☐	☐	☐
Lern-probleme vermeiden	Lerntyp bestimmen	Lernvoraus-setzungen schaffen	Merkleistung verbessern	Systematisch lernen	Mit Merk-hilfen arbeiten

Sie können nun in zweierlei Weise vorgehen:

1. Sie konzentrieren sich auf die Punkte, bei denen der größte Verbesserungsbedarf besteht. Legen Sie dabei besonderen Wert auf die Umsetzung des Gelernten.
2. Sie lesen das Buch Schritt für Schritt durch. Auch hierbei können Sie besonders auf die Punkte achten, die es wert sind, schnell geändert zu werden.

Ortsbestimmung: Wo stehen Sie?

Sie haben einiges vor und Sie wollen systematisch vorgehen. Dann ist es gut, wenn Sie als Erstes eine Ortsbestimmung vornehmen:

- Was möchten Sie erreichen?
- Was sind Sie bereit zu investieren?
- Was stützt Ihr Vorhaben?
- Wo könnten sich Stolpersteine verstecken?

Eine solche Situationsanalyse schützt Sie vor unrealistischen Vorstellungen und sichert den Erfolg Ihres Lernprojektes ab.

Schritt 1: Ziele definieren

Setzen Sie Ziele. Nur wer Ziele setzt, weiß auch, wo er hin will und wann er seine Ziele erreicht hat.

Aber setzen Sie sich realistische Ziele. Ziele, die Sie trotz hohem Einsatz nicht oder nur sehr mühsam erreichen können, frustrieren und schmälern die Motivation.

Die Folge: Sie strengen sich erst gar nicht an. Lernen Sie zielgerichtet. Überlegen Sie, wozu Sie das Wissen brauchen, etwa weil Sie das Wissen zur Bewältigung Ihrer Arbeit benötigen oder auch, weil Sie eine Prüfung bestehen wollen oder einen Abschluss schaffen wollen.

	Am besten schreiben Sie Ihre Ziele gleich auf: Welche Ziele wollen Sie erreichen?
1	
2	
3	
4	
5	

Systematisch zu lernen und das vielleicht über Monate und Jahre ist Arbeit. Sie brauchen gute Gründe, damit es sich lohnt, diese Anstrengung zu unternehmen und durchzuhalten. Beantworten Sie bitte die folgenden Fragen. Mit ihnen können Sie die Erfolgsaussichten Ihrer Vorhaben prüfen.

Frage 1: Sind die guten Vorsätze auch wirklich Ihre eigenen Ziele?

Wenn Sie sich Ziele setzen, dann sollten Sie erst einmal prüfen, wie wichtig es Ihnen ist, die Umsetzung systematisch und konsequent in Angriff zu nehmen. Vorhaben, zu denen Sie gedrängt werden, hinter denen Sie aber gar nicht stehen, bedeuten einen geringen Anreiz und haben damit wenige Chancen auf Erfolg.

> Sie sollen auf einer internationalen Tagung einen Vortrag halten, allerdings in Englisch. Ihr Schulenglisch ist eher dürftig. Jetzt heißt es, die Sprachkompetenz ordentlich aufzupolieren. Aber eigentlich ist Ihnen das lästig, Sie haben dafür kaum Zeit und den Vortrag möchten Sie auch nicht halten.

Frage 2: Sind Sie bereit, Anstrengung in Kauf zu nehmen?

Solange Sie denken, »*eigentlich sollte ich ...*«, sind Sie nicht wirklich motiviert und die Motivation wird im Laufe der Zeit auch nicht wachsen. Am Anfang steht eine einfache, aber wichtige Frage: »*Sind Sie bereit, den Aufwand, der mit der Arbeit an den Zielen verbunden ist, auf sich zu nehmen?*« Lautet die Antwort Nein, können Sie Schwierigkeiten mit Ihrer Motivation bekommen und das Ziel nach und nach aus den Augen verlieren. Bei manchen Zielen lohnt der Aufwand nicht, sind die Erfolgsaussichten, sie zu erreichen, zu gering. Dann sollten Sie nach Alternativen suchen. Sie sollten nach einer ehrlichen Überprüfung sagen: »*Ja, ich will das Ziel erreichen.*« Das ist häufig das Problem mit Prüfungen. Denn wer begibt sich schon gerne freiwillig in solch eine stressige Situation. Überlegen Sie dann, was Sie über die Prüfung erreichen wollen: den Abschluss, die Berufsperspektiven, die Anerkennung.

Frage 3: Ist jetzt der richtige Zeitpunkt dafür?

Wenn Sie gerade in einer Lebensphase stecken, die Sie ungemein fordert, wenn Sie eine anstrengende berufliche Herausforderung vor sich haben, sollten Sie möglichst abwarten, bis Sie sich wieder in ruhigerem Fahrwasser befinden. Dann können Sie Ihr Vorhaben mit mehr Ruhe beginnen.

Frage 4: Ist dies der erste Versuch?

Vielleicht haben Sie schon zum dritten Mal versucht, die Prüfung zum Heilpraktiker abzulegen, oder sind bereits zweimal durch die schriftliche Fahrprüfung gefallen. Vielleicht haben Sie sich auch vorgenommen, jetzt endlich mal Spanisch zu lernen, weil das Vorhaben in den letzten Jahren immer mal wieder in den Anfängen stecken geblieben ist. Dann sollten Sie erst einmal überlegen, woran es bei den bisherigen Versuchen gehapert hat.

Was können Sie tun, um ein vorzeitiges Aufgeben zu vermeiden?

Schreiben Sie sich auf: »*Ab jetzt werde ich darauf achten, dass …*«

Was können Sie tun, falls wieder Hinderungsgründe auftauchen?

Machen Sie sich einen Notfallplan: »*Wenn das und das wieder passiert, werde ich …*«

Ändern Sie die Bedingungen. Probieren Sie eine neue Herangehensweise aus. Beziehen Sie dabei die bisherigen Stolpersteine mit ein. Wenn Sie sich beispielsweise bisher immer vorgenommen haben, mindestens dreimal pro Woche zwei Stunden Vokabeln zu lernen, reduzieren Sie die Anzahl der Tage. Die Wahrscheinlichkeit, dass Sie es einmal pro Woche schaffen, ist deutlich höher. Danach können Sie Ihr Pensum immer noch steigern.

Der bekannte Motivationspsychologe Heinz Heckhausen hat ein Prüfschema entwickelt, mit dem Sie Ihre Erfolgsaussichten gut einschätzen können:

Viele Menschen verzetteln sich, weil sie zu viel auf einmal wollen. Besser eine Beschränkung auf wenige wesentliche Ziele als ein Feuerwerk an Zielen, die sich in der Fülle gar nicht erreichen lassen. Die richtige Strategie lautet: Eines nach dem andern.

Beschränken Sie sich auf einige wenige Ziele. Je geringer die Zahl, desto besser können Sie sich auf die einzelnen Ziele konzentrieren.

Schritt 2: Umsetzungschancen überprüfen

Ein Lernprojekt anzugehen, zumal wenn es aufwändig ist, erfordert bisweilen Überwindung und Durchhaltevermögen, bedeutet nicht selten auch Frust wegen der Rückschläge. Dem Aufwand steht ein Gewinn für Sie gegenüber: mehr Wissen, mehr Zufriedenheit, mehr Souveränität, ein höheres Ansehen, vielleicht auch mehr Einfluss und mehr Geld.

Konsequentes Verfolgen von Zielen kostet Zeit und Energie. Diese Zeit und Energie müssen Sie aufbringen. Die eigenen Wünsche sollten zudem in Einklang stehen mit den eigenen Fähigkeiten. Die Wahrscheinlichkeit, die Ziele zu erreichen, sollte hoch sein. Überlegen Sie deshalb, wie hoch der Aufwand für Sie ist. Wie kommen Sie beispielsweise damit zurecht, dreimal die Woche für Ihre Fortbildung die Abende zu opfern und den Samstag gleich noch dazu?

Machen Sie eine ehrliche Bestandaufnahme.

	Dafür spricht	Dagegen spricht
1		
2		
3		
4		
5		
6		
7		
8		
9		
10		

Wägen Sie den Aufwand und den Nutzen gegeneinander ab. Sie können die Argumente zusätzlich gewichten: Wie wichtig ist Ihnen der einzelne Nutzen, wie hoch schätzen Sie den Aufwand ein?

Nur wenn Sie entscheiden, dass es sich wirklich für Sie lohnt, sollten Sie das Vorhaben beginnen.

Zum Schluss nehmen Sie sich bitte Ihre Ziele noch einmal vor: Ziele müssen handfest, konkret und tatsächlich in einem überschaubaren Zeitraum erreichbar sein. Es macht wenig Sinn, hinter Zielen herzurennen, die kaum zu erreichen sind.

Schätzen Sie Ihre einzelnen Ziele hinsichtlich der Erreichbarkeit ein:				
	sehr sicher	ziemlich sicher	weniger sicher	unsicher
Ziel 1	1 ☐	2 ☐	3 ☐	4 ☐
Ziel 2	1 ☐	2 ☐	3 ☐	4 ☐
Ziel 3	1 ☐	2 ☐	3 ☐	4 ☐
Ziel 4	1 ☐	2 ☐	3 ☐	4 ☐
Ziel 5	1 ☐	2 ☐	3 ☐	4 ☐

Sie sollten einen möglichst großen Einfluss auf die Umsetzung haben. Wenn Ihre Ziele von anderen Menschen, Zufällen oder anderen Unwägbarkeiten abhängen, ist der Erfolg zu ungewiss.

Schätzen Sie Ihre einzelnen Ziele hinsichtlich der Abhängigkeit von Faktoren, die Sie nicht beeinflussen können, ein:				
	sehr hoch	ziemlich hoch	weniger hoch	gering
Ziel 1	4 ☐	3 ☐	2 ☐	1 ☐
Ziel 2	4 ☐	3 ☐	2 ☐	1 ☐
Ziel 3	4 ☐	3 ☐	2 ☐	1 ☐
Ziel 4	4 ☐	3 ☐	2 ☐	1 ☐
Ziel 5	4 ☐	3 ☐	2 ☐	1 ☐

Fassen Sie die Ergebnisse beider Einschätzungen zusammen. Je höher die Punktzahl ist, desto schlechter stehen die Erfolgsaussichten. Bestenfalls bei sehr attraktiven Zielen sollten Sie Unwägbarkeiten in Kauf nehmen.

Konzentrieren Sie sich auf die Ziele, die Sie aus eigenen Kräften erreichen können.

Schritt 3: Lernmotivation überprüfen

Um systematisch und über längere Zeit zu lernen, brauchen Sie neben Zeit und Energie vier Dinge:

- **Ihre Motivation**
- **ein gutes Durchhaltevermögen**
- **Zuversicht, dass es klappt**
- **Selbstdisziplin**

Wenn Sie von vorneherein Probleme mit Ihrer Motivation und Ihrer Disziplin erwarten, ist die Wahrscheinlichkeit recht groß, dass diese Probleme auch auftreten. Dann hilft nur: Strategien entwickeln, wie Sie Ihren »inneren Schweinehund« in Schach halten können.

Mit den folgenden Aussagen können Sie überprüfen, wie es um Ihre Lernmotivation bestellt ist:

		stimmt
1	**Mein Ziel beim Prüfungen war immer**	
	gerade positiv abzuschließen	☐
	durchschnittliche Leistungen zu erbringen	☐
	zumindest gute Leistungen zu erbringen	☐
	möglichst viele sehr gute Leistungen zu erbringen	☐
2	**Mein Ergeiz geht dahin,**	
	sehr gute und gute Noten zu erhalten	☐
	gute und befriedigende Noten zu erhalten	☐
	befriedigende Noten zu erhalten	☐
	ausreichende Noten zu erhalten	☐
3	**Wie gut gelingt es Ihnen, systematisch zu lernen?**	
	Ich halte mich eisern an meinen Plan	☐
	Ich weiche ab und zu vom Plan ab	☐
	Ich lerne teilweise sehr systematisch, teilweise fehlt mir die Lust	☐
	Ich lerne eher unsystematisch	☐
4	**Früher in der Schule habe ich meine Hausaufgaben**	
	immer sofort gemacht und mir Mühe gegeben	☐
	irgendwann im Laufe des Nachmittags gemacht und versucht, schnell fertig zu werden	☐
	meist erst am Abend gemacht und so, dass ich nicht auffiel	☐
	nur gemacht, wenn es unbedingt sein musste und ich nicht von anderen abschreiben konnte	☐

	stimmt
5	**Aus einem Lehrbuch schreibe ich mir**	
	alles heraus, was wichtig sein könnte	☐
	alles heraus, das mit Sicherheit wichtig ist	☐
	alles heraus, das mich interessiert	☐
	kaum etwas heraus	☐

Bitte zählen Sie die Punkte zusammen.	
Bis 7 Punkte	Ihre Lernmotivation ist gering. Versuchen Sie sich klarzumachen, was Sie persönlich vom Lernen haben. Halten Sie das Ergebnis auf einem Zettel fest und hängen Sie ihn sich an Ihrem Lernplatz auf.
8 - 12 Punkte	Sie können Ihre Lernmotivation noch deutlich verbessern. Folgen Sie den Tipps in diesem Buch.
13 - 16 Punkte	Ihre Motivation ist gut. Achten Sie darauf, dass Sie auch Motivationstiefs im Laufe der Wochen und Monate gut überstehen.
Über 16 Punkte	Gratulation. Ihre Lernmotivation ist ausgesprochen hoch. Von dieser Seite her dürften Sie keine Schwierigkeiten erwarten.

Für die Ausdauer, mit der Sie das Lernen vorantreiben, spielt die Motivation ebenfalls eine große Rolle. Vergegenwärtigen Sie sich die Ziele, die Sie mit dem Lernen verbinden:

• **Was für einen Gewinn haben Sie persönlich und möglichst unmittelbar vom Erreichen Ihrer Ziele?**
• **Welche Nachteile entstehen, wenn Sie die Ziele nicht erreichen?**

Beides sind wichtige Fragen und beide Fragen sollten Sie sich immer mal wieder selbst beantworten.

Immer, wenn Sie Schwierigkeiten mit Ihrer Motivation haben, sollten Sie sich diese Fragen erneut stellen.

Jetzt wissen Sie, *wie* motiviert Sie sind. Interessant ist aber auch zu erkennen, *was* Sie motiviert. Denn Motivation ist kein einheitliches Phänomen. Motivation ist ein Konglomerat aus Motiven, die auf Bedürfnissen beruhen. Hört sich kompliziert an, scheint aber nur so.

Beginnen wir mit den Bedürfnissen. Jeder Mensch macht Dinge wie Arbeiten, Freundschaften pflegen, Kinder in die Welt setzen, in Urlaub fahren und eben auch Lernen aus bestimmten Beweggründen heraus. Dies sind sozusagen seine Triebfedern. Die Zahl dieser Triebfedern ist beschränkt und sie lassen sich auf wenige Bedürfnisse zurückführen. Motivation ist damit nur ein anderes Wort für Beweggründe – die Gründe, warum wir uns bewegen, etwas tun, angehen, anpacken.

Beweggründe sind sozusagen der Motor, der das Auto in Bewegung bringt. Da jeder Mensch unterschiedliche Bedürfnisse in unterschiedlicher Ausprägung hat, trifft dies in der Folge auch für die Motive zu. Der Wunsch nach Erfüllung der Bedürfnisse liefert die Motive, die Motive steuern das Verhalten.

Finden Sie mithilfe des folgenden Selbsttests heraus, welche Motive für Sie wichtig sind. Wie schätzen Sie sich ein?

> Bitte kreuzen Sie an, wie stark Sie mit der entsprechenden Aussage übereinstimmen bzw. inwieweit diese auf Sie zutrifft. Versuchen Sie, möglichst spontan zu antworten.

		äußerst wichtig	wichtig	weniger wichtig	unwichtig
		1	2	3	5
1	Am liebsten arbeite ich selbständig.	☐	☐	☐	☐
2	Mein Wissen zu vergrößern spielt für mich eine wichtige Rolle.	☐	☐	☐	☐
3	Mir ist wichtig, dass andere positiv von mir denken.	☐	☐	☐	☐
4	Mein gutes Ansehen ist mir sehr wichtig.	☐	☐	☐	☐
5	Ich fühle mich in einer Konkurrenzsituation eher beflügelt als bedrängt.	☐	☐	☐	☐
6	Ich komme sehr gut alleine zurecht.	☐	☐	☐	☐
7	Ich möchte gerne meinen Horizont erweitern.	☐	☐	☐	☐
8	Ich arbeite am liebsten im Team.	☐	☐	☐	☐
9	Ich sonne mich gern im Licht der Öffentlichkeit.	☐	☐	☐	☐
10	Wettbewerb spornt mich an.	☐	☐	☐	☐
11	Meine eigenen Entscheidungen treffen zu können, ist für mich wichtig.	☐	☐	☐	☐
12	Ich versuche den Dingen auf den Grund zu gehen.	☐	☐	☐	☐
13	Ich spiele lieber in einer Mannschaft als alleine.	☐	☐	☐	☐
14	Ich zeige gern, was ich habe oder kann.	☐	☐	☐	☐
15	Ich scheue nicht den Leistungsvergleich mit anderen.	☐	☐	☐	☐

Frage	Punkte	Frage	Punkte	Frage	Punkte	Punkte gesamt	Kennung
1		6		11			**U**
2		7		12			**N**
3		8		13			**A**
4		9		14			**S**
5		10		15			**W**

Rechnen Sie die Punkte, die Sie in einer horizontalen Reihe erreicht haben, zusammen und tragen Sie diese in die Spalte *Punkte gesamt* ein. Bestimmen Sie anhand des Kennbuchstabens in der nachfolgenden Erläuterung, welche Motive Ihnen besonders wichtig sind.

U: Unabhängigkeit ist Ihnen wichtig. Sie lieben Ihre Freiheit. Ein hohes Maß an Fremdbestimmung empfinden Sie als problematisch. Sie fühlen sich wohl, wenn Sie Aufgaben eigenständig bearbeiten können. Sie sind selbstgenügsam und möchten autark sein und bleiben.

N: Neugier ist Ihr zentrales Motiv. Sie wollen hinter die Dinge blicken, »den Kern« verstehen und Erkenntnisse sammeln. Ihr Wissensdurst treibt Sie immer wieder an, Neues zu entdecken.

A: Anerkennung von Ihrem Umfeld – ob beruflich oder privat – bedeutet Ihnen sehr viel. Für ein Gefühl von sozialer Zugehörigkeit zeigen Sie Einsatz.

S: Status ist für Sie von großer Bedeutung. Sie genießen öffentliche Aufmerksamkeit. Ein wichtiges Ziel für Sie ist es, zu mehr Prestige und Ansehen zu gelangen. Dies kann z. B. über Vermögen oder Titel geschehen.

W: Wettbewerb ist für Sie ein zentrales Motiv. Sie messen sich gerne mit anderen, Konkurrenten zu haben macht Ihnen nichts aus – im Gegenteil, das spornt Sie eher an.

 Anhand der Ergebnisse können Sie jetzt Ihr individuelles Motivationsprofil erstellen, das entscheidend für eine maßgeschneiderte Motivation ist.

		überhaupt keine Bedeutung	wenig Bedeutung	durchschnittlich	etwas Bedeutung	besondere Bedeutung
		-2	-1	0	1	2
1	Unabhängigkeit	☐	☐	☐	☐	☐
2	Neugier	☐	☐	☐	☐	☐
3	Anerkennung	☐	☐	☐	☐	☐
4	Status	☐	☐	☐	☐	☐
5	Wettbewerb	☐	☐	☐	☐	☐

Sehen Sie sich die Bereiche mit den höchsten Punktzahlen näher an und werfen Sie auch einen Blick auf die Bereiche mit den niedrigsten Werten.

☞ Fragen Sie auch einmal sehr gute Freunde und Familienmitglieder, welche Motive sie bei Ihnen sehen. Vergleichen Sie diese Aussagen dann mit Ihrem persönlichen Motivprofil.

Jetzt wissen Sie, welche Motive für Sie wichtig sind. Stellen Sie diese Motive in den Dienst der Sache. Wenn Sie sich zum Beispiel gerne mit anderen messen, suchen Sie sich Mitstreiter und veranstalten Sie einen kleinen Wettbewerb, z.B. wer als Erster etwas gelernt hat. Finden Sie keine Mitstreiter, können Sie auch einen Wettstreit mit sich selbst austragen, etwa ob Sie beim Lernen das Ergebnis der letzten Woche noch toppen können.

Schritt 4: Bedenken ernst nehmen

Jede größere Lernaufgabe bringt Unsicherheit. Deshalb ist es normal, dass sich in Ihrem Kopf Bedenkenträger einfinden.

»Glaubst du denn, dass du das wirklich durchhältst?«

»Denk doch mal an letztes Jahr, da hat das doch auch nicht geklappt!«

»Und was ist mit meinem gemütlichen Abend vorm Fernseher, fällt der etwa flach?«

»Wollen wir das nicht lieber auf nächstes Jahr verschieben?«

Vielleicht melden sich auch noch andere Stimmen, etwa die Ihres »Gewissens«:

»Du musst jetzt endlich mal konsequent sein!«

»Sei doch nicht so ein Jammerlappen!«

Solche inneren Stimmen tauchen automatisch auf, wenn man seine Komfortzone verlassen will. Ignorieren Sie diese Stimmen nicht, setzen Sie sich mit ihnen auseinander. Suchen Sie Argumente, die gegen die Einwände sprechen. Überzeugen Sie sich selbst! Wenn Sie mit zu vielen Bedenken an Ihr Vorhaben herangehen, hindern Sie Ihre Gedanken, nehmen Ihnen den Mut und den Elan.

 Mit internen Bedenkenträgern umgehen

Neue Vorhaben bringen fast immer zwei Dinge mit sich: Sie kosten Aufwand und sie bringen Neues. Beides hat positive Seiten, beides widerspricht aber auch zwei zentralen Bedürfnissen von uns Menschen:

- Menschen suchen nach Sicherheit. Jede Veränderung bedeutet eine Bedrohung dieses Bedürfnisses, da die Menschen die gewohnten und bekannten Bahnen verlassen müssen.

- Menschen machen es sich gerne bequem. Wie stark sich das Bedürfnis nach Bequemlichkeit bei Ihnen auswirkt, hängt auch davon ab, wie Sie sich bisher in Ihrem Leben eingerichtet haben, wie groß Ihre ganz persönliche Komfortzone ist.

Die Entscheidung, sich in ein Lernprojekt zu stürzen, fällt auch deshalb schwer, weil es sich um ein längerfristiges Vorhaben handelt, das Zeit und Energie erfordert.

Ihr Zögern verrät Ihnen dann, dass es gute Gründe gibt, die Entscheidung noch einmal zu durchdenken.

Häufige Gründe für Zögern sind:

1. **Sie haben zu wenige Informationen**
   »Soll ich wirklich ein Abendstudium beginnen?«
   »Komme ich mit der wenigen Freizeit zurecht, wo ich so viele Freunde habe und gerne meinen Hobbys nachgehe?«
   Schaffen Sie sich eine sichere Grundlage, um die Situation einschätzen zu können. Machen Sie sich eine Liste mit allen Fragen, die Sie noch haben. Erkundigen Sie sich. Sprechen Sie mit Menschen, die sich auch dieser Aufgabe gestellt haben, die es geschafft haben oder vielleicht auch gescheitert sind.

2. **Sie zögern, weil Ihnen die Zeit oder Energie fehlt**
   »Soll ich das wirklich tun? Ich habe doch ohnehin schon so viel am Hals.«
   Sie haben viel zu tun und eigentlich sollten Sie sich nicht noch mehr aufbürden. Andererseits: Das wäre doch eine echte Chance. Nehmen Sie Ihre langfristigen Ziele zu Hilfe. Passt das Angebot zu Ihren Präferenzen? Welche anderen Verpflichtungen könnten Sie aufgeben oder einschränken, um Raum für das neue Vorhaben zu schaffen?

3. **Sie zögern, weil Sie die Auswirkungen schlecht überblicken können**
   »Drei Jahre sind eine lange Zeit, wer weiß, was da alles passiert. Halte ich das wirklich durch?«

Ein weiteres Problem: Bei so manchem langfristigen Vorhaben lassen sich die Auswirkungen schlecht einschätzen. Arbeiten Sie mit diesen beiden Strategien:

- **Setzen Sie die Entscheidung auf Probe um.**
- **Bauen Sie Punkte ein, an denen Sie Ihre Entscheidung noch einmal überdenken können.**
- **Achten Sie auf Hintertüren, damit Sie eine Entscheidung notfalls ohne große Verluste revidieren können.**

Je schlechter die Chancen abzuschätzen sind, je größer das Risiko ist, je schwerwiegender die Entscheidung ist, desto wichtiger sind Sollbruchstellen und Hintertüren.

Kurzum: Überlegen Sie, was Sie zögern lässt. Überprüfen Sie dann, was Sie tun können, um Bedenken zu klären. Entscheiden Sie sich dann – auf einer soliden Grundlage.

Schritt 5: Hemmnisse ermitteln

Wahrscheinlich wissen Sie selbst am besten, welche Hemmnisse während des Lernens auftauchen und Sie am Erfolg hindern können.

	Welche der folgenden Probleme beim Lernen erwarten/befürchten Sie?	wahr-scheinlich	unwahr-scheinlich
1	**Lernverhalten**		
	Wenig Erfahrung mit selbständigem Lernen	☐	☐
	Schlechte Erfahrungen mit Lernen	☐	☐
	Negative Einstellung zum Lernen	☐	☐
2	**Arbeitshaltung**		
	Bequemlichkeit	☐	☐
	Fehlende Arbeitsdisziplin	☐	☐
	Neigung, notwendige Anstrengungen aufzuschieben	☐	☐
3	**Psychische Ursachen**		
	Motivationsmängel	☐	☐
	Konzentrationsprobleme	☐	☐
	Seelische Belastung	☐	☐
	Angst vor Misserfolgen	☐	☐
	Schlechtes Gedächtnis	☐	☐

	wahr-scheinlich	unwahr-scheinlich
Welche der folgenden Probleme beim Lernen erwarten/befürchten Sie?		
4 **Rahmenbedingungen**		
Fehlender Arbeitsplatz	☐	☐
Keine Ruhe zum Lernen	☐	☐
Zeitmangel	☐	☐

Die meisten von uns haben im Laufe ihrer Ausbildung erfahren müssen, dass Lernen langwierig und langweilig sein kann. Vielfach war völlig unklar, warum man etwas lernen sollte, vielfach war die Art des Lernens öde und vielfach war man dann froh, den Abschluss irgendwie hinbekommen zu haben. Wenn dann noch die negativen Erlebnisse überwiegen, man eben nicht Klassenbester war, sondern häufig mit schlechten Noten »kämpfen« und um seinen Abschluss bangen musste, ging die Lust am Lernen mehr und mehr verloren.

Werfen Sie einen Blick zurück. Jedes Lernprojekt, auch wenn es nicht geklappt hat, ob in der Schule, in der Ausbildung oder auch danach, hat mindestens einen Vorteil: Sie können daraus lernen. Sie brauchen nur konsequent eine Frage zu stellen.
Die Frage: Warum hat es nicht geklappt?
Begnügen Sie sich dabei nicht mit einer einfachen oder oberflächlichen Antwort, sondern fragen Sie so lange, bis Sie dem Problem auf den Grund gegangen sind.

Beschreiben Sie die Hinderungsgründe so präzise wie möglich

Je besser Sie das Problem einkreisen, desto schneller kommen Sie zu präzisen Antworten. Analysieren Sie als Erstes:

- **Was genau ist passiert?**
- **Wann ist es passiert?**
- **Welche Umstände waren dafür verantwortlich?**
- **Worin lag Ihr Anteil?**

- **Fahnden Sie nach den Ursachen**

  Je gezielter Sie nach den Ursachen fahnden, desto größer ist die Wahrscheinlichkeit, dass Sie nicht nur an den Symptomen herumdoktern.
- **Lernen Sie daraus**
- **Nutzen Sie Hinderungsgründe als Lernchance.**
  - **Wie hätten Sie diese Schwierigkeiten verhindern können?**
  - **Was hätten Sie im Vorfeld anders machen können?**
  - **Was hätten Sie in der Situation anders machen können?**

Am besten halten Sie das Ergebnis Ihrer Analyse schriftlich fest – vielleicht in Ihrem Tagebuch.

Legen Sie sich ein Heft zu, in dem Sie die Erfolge und Erkenntnisse aus Ihren Misserfolgen dokumentieren. Das ist für Sie eine gute Erinnerungsstütze und ein Ratgeber bei zukünftigen Vorhaben.

Gehen Sie an Ihr Vorhaben mit einer positiven Einstellung heran, unter dem Motto: »*Natürlich schaffe ich das!*« Oder überwiegen doch die Bedenken? Läuft in Ihrem Kopf eine Erfolgsstory ab oder doch eher ein Katastrophenfilm?

Reden Sie sich nichts selber ein. Wenn Sie sich immer wieder sagen: »*Das bekomme ich nicht hin*«, werden Sie über kurz oder lang selbst daran glauben und sich (unbewusst) meist dann auch noch so verhalten.

Testen Sie selbst, zu welcher Reaktion Sie neigen. Welche der Aussagen kommen Ihnen vertraut vor, wenn Sie an Ihren Veränderungswunsch denken?

Unterstreichen Sie die Ihnen bekannten Gedankengänge.	
Wenn ich etwas will, bekomme ich das auch.	Ich habe schon viele Enttäuschungen erlebt.
Für meinen Erfolg bin ich selbst verantwortlich.	Die Umstände hindern mich oft.
Ich verfüge über eine Menge Energie.	Mich verlässt schnell der Mut.
Ich weiß, was ich will.	Ich habe Schwierigkeiten, mich zu entscheiden.
Aus Fehlern lerne ich.	Ich mache immer wieder dieselben Fehler.
Für Probleme gibt es immer eine Lösung.	Auftauchende Probleme machen mich schnell mutlos.

Wie sehen Ihre Gedanken häufig aus? Haben Sie sich tendenziell eher für die eine oder die andere Seite entschieden?

Die linke Spalte zeigt die typischen Gewinnergedanken, die rechte Spalte das Gegenstück – die Gedanken der Verlierer. Konzentrieren Sie sich auf Ihre positiven Gedanken. Sobald negative Gedanken auftauchen, formulieren Sie diese um.

Das Gedankenmuster *»Ich bin ein Versager, mir gelingt nichts«* wird umformuliert in *»Ich schaffe es, das weiß ich«*.

Am besten halten Sie den positiven Gedanken schriftlich fest, z.B. auf einem kleinen Kärtchen, als konkrete und positive Formulierung. Manchmal hat man ein richtiges Aha-Erlebnis, wenn der passende positive Gedanke ausgesprochen oder aufgeschrieben ist.

Mit den positiven Gedanken beeinflussen Sie sich selbst, Ihre Einstellung und auch Ihr Handeln. Unser Unterbewusstsein lässt sich durch die Art unserer Gedanken beeinflussen: Wir fühlen uns zuversichtlich und stark.

	Schreiben Sie bitte die Formulierungen der Gewinner auf, die Sie zur eigenen Motivation verwenden wollen:
1	
2	
3	
4	
5	
6	
7	
8	
9	
10	

Ein Tipp: Suchen Sie sich ein Bild, das stellvertretend für Ihr Ziel steht.

Sie möchten Spanisch lernen. Ziel und gleichzeitig Belohnung ist eine Reise nach Südamerika. Dann können Sie sich ein Bild Ihrer Lieblingslandschaft dort an den Kühlschrank hängen. Das motiviert Sie jedes Mal, wenn Sie es sehen.

Ein Merksatz oder ein Logo erfüllen denselben Zweck.

Sie wissen, was Sie wollen, die Erfolgsaussichten sind gut, jetzt können Sie die Planung in Angriff nehmen.

Zusammenfassung

Bestimmen Sie, welche Ziele Sie mit Ihrem Lernprojekt erreichen wollen.

Überprüfen Sie die Umsetzungschancen.

Sehen Sie genauer hin, wenn Sie bereits zum wiederholten Male einen Versuch starten.

Überprüfen Sie Ihre Lernmotivation.

Stellen Sie Ihre Beweggründe in den Dienst der Sache.

Nehmen Sie Ihre Bedenken ernst und überzeugen Sie sich selbst. Gehen Sie positiv an Ihr Vorhaben heran.

Was wollen Sie von den Hinweisen in diesem Kapitel umsetzen? Schreiben Sie sich bitte alle wichtigen Punkte auf. Nutzen Sie dazu die Umsetzungshilfe am Ende dieses Buches.

Eine Frage der Organisation: Den richtigen Rahmen schaffen

Zum Lernen braucht man einen Rahmen. Alle Tipps zum Lernen nützen wenig, wenn man nicht nach Plan lernt und immer wieder eine Ausrede findet, warum man sich gerade jetzt nicht mit dem Lernstoff auseinandersetzen kann.

Eine gute Lernorganisation ist deshalb ein Muss für erfolgreiches und effizientes Lernen. Beim Rahmen geht es vor allem um drei Fragen, das Wo, das Wie und das Wann:

- Wo schaffe ich mir einen angenehmen Lernplatz?
- Wie lerne ich planmäßig und mit Verstand?
- Wann lerne ich am besten?

Bevor Sie sich diesen Fragen zuwenden, sollten Sie sich überlegen, wie Sie die nötige Zeit und die nötige Muße zum Lernen finden.

Schritt 6: Zeit zum Lernen finden

Um systematisch zu lernen, brauchen Sie Zeit. Zeitdruck ist mittlerweile ein für fast alle Menschen bekannter Stressfaktor. Zeit haben wir alle nie genug. Wir haben das Gefühl, »die Zeit rennt«. Der Terminkalender ist voll. Und das nicht nur bei Geschäftsleuten, sondern genauso bei Senioren und bei Schulkindern. Nicht nur in der Woche, sondern auch am Feierabend und am Wochenende und in den Ferien.

Woran liegt es, dass viele Menschen Zeitdruck empfinden? Ein Hauptproblem liegt wohl darin, dass wir uns zu oft zu viel vornehmen. Wir verplanen unsere Zeit ganz unrealistisch. Oftmals sind wir uns gar nicht bewusst, dass vieles länger dauert als wir denken. Dass wir bei Telefonaten jemanden nicht antreffen und es dann mehrmals versuchen müssen, und dass dann die Telefonate auch länger als geplant dauern. Dass fast immer Treffen und Gespräche mit anderen länger dauern als vorgesehen. Und dass überhaupt nicht immer alles so reibungslos klappt, wie wir uns das den ganzen Tag lang wünschen.

Ein anderes Problem liegt in unserem Anspruch, alles auch richtig und gründlich zu machen. Wenn möglichst alles ganz besonders gut gelingen soll, kostet dies mehr Zeit. Die Kundenpräsentation muss besonders gut werden, das Essen für die Geschäftsfreunde ebenso. Auch der Urlaub will exakt geplant sein, wie man auch Energie darauf verwendet, die passende neue Waschmaschine zu finden und dann noch das preiswerteste Angebot.

Hier eine Liste der besten Tipps zum Thema Zeitmanagement, die Sie nicht nur kennen, sondern auch beherzigen sollten. Kreuzen Sie bitte jeweils an, welche Tipps Sie ausprobieren wollen, um sich mehr Freiraum für Ihr Lernprojekt zu schaffen:

Tipp 1: Achten Sie auf das Mögliche.
Sie haben nur eine begrenzte Arbeitszeit und Sie haben nur eine begrenzte Energie. Selbst wenn Sie immer mehr arbeiten, irgendwann ist auch diese Zeit begrenzt. Letztlich hilft nur, die Aufgaben und die Arbeiten auf das Mögliche zu begrenzen. Auf das Pensum, das Sie in Ihrer regulären Arbeitszeit tatsächlich bewältigen können. Permanent über Ihr Soll zu arbeiten, macht langfristig unzufrieden und nagt an Ihrer Gesundheit. Auch hier hilft nur, Aufträge auch mal abzulehnen. Sie müssen nicht alles machen und Sie müssen nicht alles gleich und sofort machen. Lernen Sie **NEIN** zu sagen, auch wenn die Aufgabe noch so attraktiv zu sein scheint.

Tipp kenne ich	Tipp kenne ich noch nicht	Tipp nutze ich	Tipp möchte ich ausprobieren
☐	☐	☐	☐

Tipp 2: Erstellen Sie unbedingt immer eine Liste Ihrer Aufgaben.
Und machen Sie – wenn möglich – eine Planung für Ihren Tag und eine Planung für Ihre Woche. Natürlich schriftlich. Mit einem professionellen Zeitplaner oder einfach auf einem Zettel. Was wir aufgeschrieben haben, hält uns den Kopf frei, und wir erhalten eine bessere Übersicht.

Tipp kenne ich	Tipp kenne ich noch nicht	Tipp nutze ich	Tipp möchte ich ausprobieren
☐	☐	☐	☐

Tipp 3: Planen Sie Ihre Zeit realistisch ein.

Zeitforscher haben herausgefunden, dass viel Zeit – nämlich 40 % – für Unvorhergesehenes und für soziale Aktivitäten benötigt wird. Somit sollten Sie möglichst nur 60 % verplanen. Oder zumindest deutlich weniger als 100 %. Es ist erwiesenermaßen völlig unmöglich, den ganzen Tag vollständig zu verplanen. Am Abend oder am Wochenende zeigt sich dann, dass vieles nicht erledigt wurde. Und das macht auf Dauer sehr unzufrieden. Also von vornherein etwas Zeitpuffer einrechnen.

Tipp kenne ich	Tipp kenne ich noch nicht	Tipp nutze ich	Tipp möchte ich ausprobieren
☐	☐	☐	☐

Tipp 4 : Achten Sie auf das Verhältnis von Aufwand und Ertrag (Arbeitsergebnis).

Dies gilt im beruflichen wie auch im privaten Bereich. Dieses Prinzip, auch unter dem Namen 80:20-Regel oder Pareto-Regel bekannt, besagt, dass schon 20 Prozent unserer Arbeitszeit ausreichen, um 80 Prozent unserer Arbeitsergebnisse zu sichern. Danach feilen wir nur noch an der Optimierung der Ergebnisse herum. Im Zeitstress bedeutet das, dass wir hier vielleicht auch einmal eine Arbeit »unvollkommen« beenden können. Leistung ist Arbeit pro Zeit.

Tipp kenne ich	Tipp kenne ich noch nicht	Tipp nutze ich	Tipp möchte ich ausprobieren
☐	☐	☐	☐

Tipp 5: Geben Sie auch mal eine Aufgabe ab.

Delegieren Sie Aufgaben, ob am Arbeitsplatz oder zu Hause. Oder fragen Sie andere um Unterstützung. Sie müssen nicht alles immer alleine machen. Manchmal ist es ganz einfach und unkompliziert, dass andere etwas für Sie übernehmen.

Tipp kenne ich	Tipp kenne ich noch nicht	Tipp nutze ich	Tipp möchte ich ausprobieren
☐	☐	☐	☐

Tipp 6: Seien Sie großzügig mit Schätzungen.

Geben Sie gegenüber anderen mehr Zeitbedarf für eine Tätigkeit an, als Sie voraussichtlich brauchen. So kommen Sie nicht unter Zeitdruck, und wenn Sie eher fertig sind, ernten Sie zusätzlich ein Lob.

Tipp kenne ich	Tipp kenne ich noch nicht	Tipp nutze ich	Tipp möchte ich ausprobieren
☐	☐	☐	☐

Tipp 7: Seien Sie vorsichtig bei engen Terminen.

Achten Sie darauf, dass Sie Termine für die Erledigung von Arbeiten setzen, die realistisch sind und Ihnen noch genügend Spielraum lassen, falls Ihnen etwas Wichtiges dazwischenkommt. Termindruck wird nicht selten künstlich erzeugt. Alles sollte schon gestern fertig sein. Fragen Sie nach, bis wann die Arbeit tatsächlich fertig sein muss. Lehnen Sie umfangreiche Aufgaben mit kurzen Fristen ab, vor allem, wenn die Einhaltung der Frist auch noch von anderen Faktoren, Zuarbeiten, Bestellungen, Genehmigungen u.a. abhängt. Wenn Sie die Frist nicht einhalten können, fällt dies meist auf Sie zurück, nicht auf den, der die Termine zu eng gesetzt hat.

Tipp kenne ich	Tipp kenne ich noch nicht	Tipp nutze ich	Tipp möchte ich ausprobieren
☐	☐	☐	☐

Tipp 8: Vermeiden Sie Wartezeiten.

Sie gehen sicher auch nicht Punkt 12 Uhr in die Kantine, weil dann das Gedränge am größten ist. Aber auch an anderen Stellen kann man Wartezeit vermeiden, wenn man nicht gerade dann hingeht, wenn alle anderen dies auch tun. Dies gilt etwa für Kopierer, Kaffeeautomaten und die Materialausgabe. Zeit sparen können Sie auch bei Terminen. Wenn Sie einen auswärtigen Termin morgens auf 9:00 Uhr legen, müssen Sie mit Staus und damit unnötigen Wartezeiten rechnen. Wenn Sie erst um 10:00 Uhr losfahren, sparen Sie Zeit. Zumal Sie dann vorher im Büro noch Dinge erledigen können, zu einer Zeit, wo noch nicht so viele Anrufe kommen.

Tipp kenne ich	Tipp kenne ich noch nicht	Tipp nutze ich	Tipp möchte ich ausprobieren
☐	☐	☐	☐

Tipp 10: Nutzen Sie Leerzeiten.

Es gibt nicht nur berufliche Zeitdiebe. Auch wenn Sie die Tür zu Ihrem Büro zumachen, können Sie Zeit gewinnen: Um sich zu erholen, um sich fortzubilden oder einfach freie Zeit zu genießen. Wartezeiten, Fahrtzeiten, also Zeiten, in denen Sie »nichts« tun, sind Leerzeiten.

Auch hier gibt es zwei Möglichkeiten:
1. **Sie füllen die Zeit sinnvoll oder**
2. **Sie genießen einfach die Zeit.**

Manchmal kann eine Leerzeit sehr erholsam sein. Bei viel Stress und Betriebsamkeit ist es ganz angenehm, einmal nichts tun zu müssen. Wenn Sie die Erholung nicht brauchen, gibt es verschiedene Möglichkeiten, Leerzeiten mit Nützlichem zu verbinden. Hier zwei Beispiele:
1. **Im Zug können Sie Ihre Aufzeichnungen durchsehen und einen Auszug erstellen.**
2. **Beim Bügeln können Sie sich eine CD bzw. Kassetten mit Vokabeln oder einer fremdsprachigen Kurzgeschichte anhören.**

Übrigens kann man Wartezeiten auch gut für Wiederholungen nutzen.

Tipp kenne ich	Tipp kenne ich noch nicht	Tipp nutze ich	Tipp möchte ich ausprobieren
☐	☐	☐	☐

Jeder Mensch hat nur eine bestimmte Energie. Überfordert man sich, müssen Energiereserven aktiviert werden. Allerdings sind auch diese Reserven beschränkt. Zu viel Raubbau tut keinem gut. Überfordern Sie sich nicht selbst. Denn wer ständig an der Grenze seiner Leistungsfähigkeit arbeitet, der wird über kurz oder lang auch Schwierigkeiten mit seiner Motivation und vielleicht auch mit seiner Gesundheit bekommen.

Deshalb sollten Sie auf Ihre Belastung achten und rechtzeitig gegensteuern, wenn sie zu hoch wird, damit aus der Belastung keine Überlastung wird. Wie sieht Ihre momentane Belastung aus? Fordern Sie sich im Moment zu stark? Hat dies vielleicht schon negative Auswirkungen? Um das zu ermitteln, sollten Sie sich Ihre Belastung im Detail ansehen.

Bei Belastungen lassen sich drei verschiedene Formen unterscheiden:
- **Alltagsstress**
  Dazu gehören: Überforderung, Niederlagen, quälende Ereignisse, ständige Eile – Hetze, unangenehme Überraschungen, Meinungsverschiedenheiten, Konflikte, schwierige Situationen u.a.
- **belastende Gefühle**
  Dazu gehören: Seelische Spannung, Erregung, Angst, Furcht, Ärger, Wut, Unsicherheit, Verzweiflung, Traurigkeit, Kraftlosigkeit, Resignation
- **seelische Belastungen**
  Dazu gehören: alle Situationen, die Ihnen über längere Zeit deutlichen Stress machen, etwa Krankheiten, Arbeitslosigkeit oder Trennung von Ihrem Partner.

Wenden wir uns zuerst Ihren momentanen seelischen Belastungen zu. Die beiden Wissenschaftler T. Holmes und R. Rahe haben versucht, welche Ereignisse durchschnittlich zu welcher Belastung führen. Die höchstmögliche Belastung hat dabei den Wert 100 Punkte.

Dabei kam folgendes Ergebnis heraus:

Situation	Belastungspunkte	Situation	Belastungspunkte
Scheidung	73	Kündigung von Hypothek o. Kredit	30
Trennung der Ehepartner	65	andere Verantwortung im Beruf	29
eigene Krankheit	53	Ärger mit Familie des Ehepartners	29
Verlust des Arbeits- platzes	47	Ärger mit Chef	23
Krankheit in der Familie	44	andere Arbeitsbedin- gungen	20
Schwangerschaft	40	Wohnungswechsel	20
Familienzuwachs	39	anderer gesellschaft- licher Umgang	19
Umorganisation im Beruf	39	andere Schlafgewohn- heiten	17
geänderte Finanz- situation	38	Familientreffen	16
Berufswechsel	36	Urlaub	15
Streit mit Ehepartner	35	Weihnachten	13
Aufnahme einer Hypo- thek	31	geringfügiger Gesetzes- verstoß (z.B. Knöllchen)	12

Je größer Ihre private Grundbelastung, desto schneller kann es schon bei Kleinig-keiten zu Überlastung kommen. Wenn Sie sich vor Überlastung und damit vor dem Motivationsverlust, der damit so häufig einhergeht, schützen wollen, sollten Sie eine Regel beachten:

> Bei hoher Grundbelastung sollten Sie sich nicht noch zusätzliche Stressfaktoren schaffen.

Mit dem folgenden kleinen Test können Sie jetzt noch ermitteln, wie hoch Ihr derzeitiger Alltagsstress ist.

		stimmt völlig	stimmt überwiegend	stimmt zum Teil	stimmt eher nicht	stimmt überhaupt nicht
		1	2	3	4	5
1	Meine Arbeit ist im Moment sehr aufreibend.	☐	☐	☐	☐	☐
2	Mit meinen Kollegen verstehe ich mich nicht gut.	☐	☐	☐	☐	☐
3	Ich denke zu Hause oft über die Arbeit nach.	☐	☐	☐	☐	☐
4	Ich rege mich schnell auf.	☐	☐	☐	☐	☐
5	Ich fresse Ärger in mich hinein.	☐	☐	☐	☐	☐
6	Ich fühle mich überfordert.	☐	☐	☐	☐	☐
7	Ich fühle mich unterfordert.	☐	☐	☐	☐	☐
8	Ich habe im Job kaum eine freie Minute.	☐	☐	☐	☐	☐
9	In letzter Zeit ist ging bei mir so einiges schief.	☐	☐	☐	☐	☐
10	Ich habe berufliche Probleme.	☐	☐	☐	☐	☐
11	Ich habe Probleme mit meinen Vorgesetzten.	☐	☐	☐	☐	☐
12	Ich habe Probleme mit meinen Mitarbeitern.	☐	☐	☐	☐	☐
13	Ich habe zu viel zu tun.	☐	☐	☐	☐	☐
14	Ich mache viele Überstunden.	☐	☐	☐	☐	☐

Wie viele Punkte haben Sie erreicht?

0 – 23 Punkte   Sie sind in einer akuten Stresssituation. Ziehen Sie die Notbremse.

24 – 46 Punkte   Einige Punkte sprechen für akuten Stress. Sie müssen ihm nicht aus dem Weg gehen, brauchen aber Möglichkeiten diesen Stress abzubauen.

46 – 70 Punkte   Sie sind zurzeit relativ ausgeglichen. Erhalten Sie diesen Zustand.

Belastung / Stressfaktor

Machen Sie sich eine Liste aller Belastungen und aller Stressfaktoren, die Sie im Moment für sich sehen. Das ist der erste Schritt, um sich bewusst zu werden, wie Sie besser damit umgehen können:

		Verringern möglich ?	Priorität
1		☐	
2		☐	
3		☐	
4		☐	
5		☐	
6		☐	
7		☐	
8		☐	
9		☐	
10		☐	

Sehen Sie sich Ihre Belastungen genauer an. Suchen Sie alle Belastungen und Stressfaktoren aus der Liste aus, die Sie reduzieren wollen. Es sollten nur die Belastungen übrig bleiben, an denen Sie tatsächlich nichts ändern wollen oder können.

Ein letzter Tipp: Setzen Sie jeden Tag einen Kontrapunkt zu Ihrem Alltag.
Entspannen Sie sich, genießen Sie einen Spaziergang durch den Wald, ein gutes Essen, Musik, ein Hörspiel, ein Gesellschaftsspiel. Die Liste lässt sich leicht fortsetzen. Wichtig ist nicht, wie Sie vom Alltag abschalten, sondern nur, dass Sie es regelmäßig tun.

Schritt 8: Lernplatz einrichten

Sie brauchen einen festen Lernplatz. Im Büro dürfte Ihnen das kaum gelingen, aber zu Hause ist es möglich, sich einen solchen Lernplatz einzurichten. Sie sollten nicht am Küchentisch oder in der Sofaecke lernen. Sie sollten sich einen Lernplatz einrichten, an dem Sie bitte auch nur lernen, nicht essen, nicht Ihrem Hobby nachgehen. Die wichtigste Anforderung an diesen Lernplatz: Er sollte Ihnen die notwendige Ruhe garantieren, die Sie zum Lernen brauchen.

	Haben Sie zu Hause gute Lernmöglichkeiten?	ja	meistens	nein
1	Arbeiten Sie zu Hause immer am selben Platz?	☐	☐	☐
2	Können Sie ungestört lernen?	☐	☐	☐
3	Können Sie beim Lernen entspannt sitzen oder stehen?	☐	☐	☐
4	Ist die Beleuchtung hell genug?	☐	☐	☐
5	Haben Sie auf Ihrem Schreibtisch genug Platz?	☐	☐	☐
6	Können Sie Ihre Unterlagen auf dem Tisch liegen lassen?	☐	☐	☐
7	Haben Sie an Ihrem Lernplatz direkten Zugriff auf alle wichtigen Arbeitsmittel?	☐	☐	☐
8	Befinden sich oft benötigte Arbeitsmittel wie Nachschlagewerke in Reichweite?	☐	☐	☐
9	Gibt es auch einen Platz für wichtige Termine, Merkzettel, Arbeits- und Zeitpläne?	☐	☐	☐

Nehmen Sie die Ergebnisse als Checkliste, um Verbesserungen vorzunehmen. An Ihrem Lernplatz sollten alle Dinge, die Sie zum Lernen brauchen, griffbereit liegen. Vom Kugelschreiber bis zum Wörterbuch sollte alles seinen Platz haben, um unnötiges Suchen und unnötige Zeitvergeudung zu vermeiden. Sorgen Sie für Ordnung und für System. Gut geeignet, um Ordnung zu halten, sind Ablagekörbe: einen für den Lernstoff des Tages, einen für die Exzerpte, die zur Wiederholung anstehen, usw.

Noch einige Regeln für Ihren Lernplatz:
- **Auf den Lernplatz gehören nur Unterlagen, die Sie für das Lernen benötigen, alles andere sollten Sie (vorübergehend) weglegen.**
- **Türmen Sie nicht Berge von Büchern und Papieren auf, das ist unübersichtlich und demotivierend.**
- **Schaffen Sie sich ein praktisches Ablagesystem, um schnell auf die richtigen Informationen zurückgreifen zu können. Schnellhefter, Karteien, Hängeordner bieten viele Möglichkeiten, ganz zu schweigen vom Computer.**

Nutzen Sie Ihren Papierkorb. Was Sie nicht mehr brauchen, sollten Sie auch vernichten.

Sie werden vielleicht viel Zeit an Ihrem Lernplatz verbringen. Dann sollte er auch Ihren Bedürfnissen entsprechen – ein *Wohlfühlplatz* sein. Natürlich sollten Sie nicht alle Möbel rauswerfen und sich einen Schaukelstuhl und einen Fernseher ins Zimmer stellen. Das ist auch nicht nötig. Denn es sind meist die Kleinigkeiten, die dafür sorgen, dass man den Lernplatz und seine Umgebung Büro nicht als steriles Standardzimmer, sondern als persönlichen Arbeitsraum empfindet.

Das fängt schon mit scheinbar so banalen Dingen wie dem Licht an. Zu grelles oder zu schummriges Licht kann einem schnell aufs Gemüt fallen. Selbst die Leistungsfähigkeit ist nach Untersuchungen abhängig von der richtigen Beleuchtung. Eine gute Beleuchtung sollte nicht zu grell sein und Sie nicht blenden.

Einige Anregungen, wie Sie sich ein »heimeliges« Umfeld am Arbeits- und Lernplatz schaffen:

- **Bringen Sie Farbe ins Zimmer.**
  Viele Arbeitszimmer sind in Weiß und Grau und anderen langweiligen Farben gehalten. Wenn Sie daran nichts ändern können, können Sie Farbtupfer setzen, etwa über Bilder oder Plakate.

- **Umgeben Sie sich mit Dingen, die Sie mögen.**
  Sie lieben Pflanzen? Warum haben Sie dann keine an Ihrem Arbeitsplatz? Zumal Pflanzen das Raumklima verbessern. Sie haben gerne Blumen? Warum stellen Sie sich dann nicht mal einen Strauß auf den Schreibtisch. Sie haben nette Kinder, einen drolligen Hund? Warum stellen Sie nicht Bilder von ihnen auf? Sie haben eine Lieblingsstadt, eine Lieblingsküste, ein Lieblingsgebirge? Wo ist das Plakat, auf das Sie ab und zu mal schauen und sich an dem Anblick erfreuen können? Dies sind nur Beispiele. Sicherlich fallen Ihnen noch andere Dinge ein, um Ihren Lernplatz freundlicher zu machen.

Verstehen Sie dies aber nicht als Aufforderung, auch noch das letzte Stück weiße Wand mit Postern zuzuhängen. Alles, was ablenkt, gehört nicht in Ihr Blickfeld.

- **Schaffen Sie sich Blickfreiheit.**
  Was sehen Sie, wenn Sie von Ihrem Schreibtisch aufblicken? Eine weiße Wand oder Ihr Zimmer? Können Sie vielleicht sogar aus dem Fenster blicken? Beim Arbeiten gegen die Wand zu sehen, ist nicht gerade motivierend und auch nicht gut für die Augen, denn Ihre Augen sollen zwischen Nahsicht und Fernsicht abwechseln können. So bleiben sie im Training.

  Blickfreiheit schaffen Sie auch, wenn Ihre Augen nicht immer auf überbordende Regale und überfüllte Ablagekörbe blicken müssen. Schaffen Sie aus Ihrem Zimmer raus, was Sie nicht brauchen, was Sie eher stört. Aufgeräumte Zimmer suggerieren Ihnen nicht andauernd, wie viel Arbeit Sie noch haben.

✏	Was wollen Sie an Ihrem Lernplatz verändern:
1	
2	
3	
4	
5	
6	
7	
8	
9	
10	

Und wie immer daran denken: Von alleine ändert sich gar nichts.

Schritt 9: Für ungestörtes Lernen sorgen

Sie sollten ungestört lernen können. Die beste Motivation und die besten Lernbe-
dingungen nützen wenig, wenn Sie dauernd gestört werden. Das hat einen einfachen Grund: Jedes Mal, wenn Sie gestört werden, werden Sie aus Ihren Gedanken
heraus gerissen. Sie brauchen dann wieder einige Zeit, um sich in das Thema wieder
einzufinden. Je schwieriger das Thema ist, mit dem Sie sich gerade beschäftigen,
desto länger die »Eingewöhnungsphase«. Sie kann bis zu mehreren Minuten dauern.
Bekannt ist dies Phänomen als sogenannter Sägezahneffekt.

Deshalb sollten Sie versuchen, Störungsursachen zu analysieren und Störungen zu vermeiden.

	Umgang mit Störungen	
	Welche Störungen behindern Ihr Lernen?	Was können Sie dagegen tun?
1		
2		
3		
4		
5		
6		
7		
8		
9		
10		

Nach Untersuchungen wird man im Büro alle acht Minuten unterbrochen und braucht wiederum fünf Minuten, bis man sich wieder seiner eigentlichen Arbeit zuwenden kann. Störungen lassen sich nicht immer vermeiden, aber mit der richtigen Strategie können Sie sie deutlich reduzieren und die Auswirkungen von Störungen vermindern.

Das Problem bei den Störungen ist oft nicht, die Störung abzustellen, sondern sich zu überwinden, etwas dagegen zu tun.

Deshalb:

- **Schalten Sie Störquellen aus.**

  Viele Störungen sind vermeidbar, zumindest zu reduzieren. Sind es Personen, die stören, können diese höflich darauf hingewiesen werden, dass Ihnen der Besuch oder das Telefonat im Moment nicht recht ist. Die meisten Menschen haben dafür Verständnis. Bei unangemeldeten Besuchern ist das Verständnis vorauszusetzen. In diesem Fall ist es günstig, direkt einen geeigneten Zeitpunkt zu vereinbaren. Ähnlich ist es mit den vielen E-Mails, die Sie bekommen. Wenn Sie den Computer so eingestellt haben, dass er jedes Mal piept, wenn eine neue Nachricht Ihr Postfach erreicht, werden Sie immer wieder abgelenkt und in Versuchung gebracht, mal schnell in die E-Mail hineinzuschauen. Denken Sie auch an andere Geräuschquellen. Muss der Drucker direkt neben Ihrem Schreibtisch stehen? Muss der Computer sich beim Herunterfahren mit einer Melodie verabschieden?

- **Halten Sie Ordnung.**

  Auf dem Schreibtisch sollten nur die Unterlagen liegen, die Sie benötigen. Bei »Volltischlern« ist die Gefahr der Ablenkung groß.

- **Halten Sie Störungen kurz.**

  Viele Störungen lassen sich einfach nicht vermeiden, es wäre eine Illusion, dies zu glauben. Aber Sie können dafür sorgen, dass sie kurz ausfallen. Das ist deshalb wichtig, weil sich die Auswirkungen von Störungen nach einem einfachen Prinzip abschätzen lassen: Je länger die Störung, desto länger dauert es, bis Sie sich wieder auf Ihre Arbeit konzentriert haben.

- **Bleiben Sie konsequent bei Ihrer derzeitigen Tätigkeit.**

  Lassen Sie sich nicht ablenken, auch wenn die Versuchung groß ist. Bringen Sie erst Ihre Aufgabe zuende.

- **Bitten Sie um Verständnis.**

  Sagen Sie demjenigen, der Sie stört, freundlich, aber bestimmt, dass Sie im Moment keine Zeit für ihn haben. Vereinbaren Sie einen anderen Zeitpunkt, schlagen Sie ihm vor, dass Sie ihn in der nächsten Stunde zurückrufen. Machen Sie sich eine kurze Notiz: Gesprächspartner, Zeit, Thema.

- **Halten Sie sich an die 2-Minuten-Regel.**

  Unser Gehirn kann Informationen für einige Minuten im Kurzzeitgedächtnis halten, bevor sie entweder verloren gehen oder mit entsprechendem Aufwand an

Konzentration und Gedankenarbeit im Langzeitgedächtnis abgespeichert wird. Dauert die Störung weniger als zwei Minuten, können Sie sich schnell wieder in Ihre Tätigkeit einfinden.

- **Bringen Sie Dinge zu Ende.**
Versuchen Sie Tätigkeiten zu Ende zu führen. Ist dies nicht möglich, führen Sie erst den Gedanken zu Ende und wenden sich dann der Störung zu. Es ist besser, das Telefon zweimal klingeln zu lassen oder den Gast mit einer Geste zu bitten, kurz zu warten, als mitten aus den Gedanken gerissen zu werden.
- **Schaffen Sie sich einen Anker.**
Um schnell wieder gedanklich in das Thema hineinzukommen, können Sie einen Anker nutzen:
  - **Sie markieren die Stelle im Text, wo Sie gerade sind.**
  - **Sie schreiben sich ein Stichwort auf.**

Weitere Möglichkeit: Sie schaffen sich ein Gedankenbild,
möglichst einprägsam, vielleicht etwas skurril oder lächerlich. Dann haftet die Assoziation besonders gut. Wenn es zu Hause oder im Büro mal wieder hoch hergeht und Sie sich nicht konzentrieren können, können Sie sich an einen ruhigen Ort zurückziehen. Dies kann das Büro eines Kollegen sein, der gerade in Urlaub ist, die Bibliothek, der Park, das Café in besuchsarmen Zeiten. Auch Reisen mit der Bahn oder im Flugzeug eignen sich gut für ungestörtes Arbeiten.

Vielleicht kommt eine intensive und anstrengende Lernphase auf Sie zu, etwa eine Prüfungsvorbereitung. Dann sollten Sie Folgendes beachten:
- **Schränken Sie andere Aktivitäten ein**
Entscheiden Sie, auf welche Aktivitäten Sie in dieser Zeit verzichten wollen, um Zeit für die neue Aufgabe zu gewinnen. Niemand gibt Ihnen zusätzliche Zeit, Sie können nur Ihre Zeit anders einteilen.
- **Schaffen Sie sich Rückendeckung**
Besprechen Sie diese zeitweilige Änderung Ihrer Lebensführung vorab mit Ihrem Lebensgefährten und Ihrer Familie. Überlegen Sie gemeinsam, wie Ihre Familie Sie in dieser Zeit entlasten kann, welche Ihrer Aufgaben andere vorübergehend übernehmen können.

- **Sorgen Sie für Ausgleich**

  Planen Sie gerade in Pausen und Aus-Zeiten fest in Ihren Tagesablauf ein. Gehen Sie an die frische Luft, sorgen Sie für Entspannung.

Schritt 10: Nicht selbst hindern

Es gibt zwei selbstgemachte Hinderungsgründe, die Ihre Produktivität sehr in Mitleidenschaft ziehen. Deshalb sollten Sie auf beide Acht geben:

Aufschieberitis

Nicht jede Aufgabe macht auch Spaß. Viele Menschen neigen dazu, unangenehme Dinge aufzuschieben, auch das leidige Lernen. Gerne nimmt man dann eine Ablenkung zum Anlass, sich mit etwas anderem zu beschäftigen. Für diese Angewohnheit gibt es sogar einen Fachbegriff. Er lautet Procrastination. Man trödelt, sucht sich Ablenkungen, findet tausend Entschuldigungen, um diese Arbeit aufzuschieben. Nützen tut dies alles nichts. Denn erstens sind alle Dinge, die immer wieder aufgeschoben werden, eine Belastung, zweitens ist Lernen auf die Schnelle und in letzter Minute meist unsystematisch und oberflächlich. Aufschieben lenkt Sie ab und verringert Ihre Produktivität.

	Umgang mit Störungen	trifft vollständig zu	trifft meist zu	trifft selten zu	trifft fast nie zu
		1	2	3	4
1	Ich finde schnell eine Entschuldigung, warum ich Dinge verschoben habe.	☐	☐	☐	☐
2	Ich kann am besten arbeiten, wenn ich Druck habe.	☐	☐	☐	☐
3	Es gibt zu viele Unterbrechungen, die mich hindern, Schwieriges anzugehen.	☐	☐	☐	☐

	trifft vollständig zu	trifft meist zu	trifft selten zu	trifft fast nie zu
	1	2	3	4
4 Ich treffe nicht gerne Entscheidungen.	☐	☐	☐	☐
5 Ich versuche, andere dazu zu bewegen, unangenehme Dinge für mich zu erledigen.	☐	☐	☐	☐
6 Ich bin oft zu müde, um auch noch die ganzen unangenehmen Dinge anzupacken.	☐	☐	☐	☐
7 Umfangreiche Aufgaben erscheinen mir oft als fast unüberwindlicher Berg.	☐	☐	☐	☐
8 Ich muss erst alles vom Tisch haben, bevor ich wichtige Aufgaben beginne.	☐	☐	☐	☐
9 Ich trödle gern etwas, wenn der Zeitdruck nicht allzu groß ist.	☐	☐	☐	☐
10 Ich mache gerne erst die Arbeiten, die mir Spaß machen.	☐	☐	☐	☐
11 Ich mache gerne erst die Arbeiten, die mir leicht von der Hand gehen.	☐	☐	☐	☐

Auswertung:	
Bis 15 Punkte	Sie neigen dazu, wichtige und schwierige Dinge aufzuschieben. Versuchen Sie dies mit einer genauen Planung und konsequenter Arbeit einzudämmen.
16 bis 27 Punkte	Nicht alle Menschen freuen sich, wenn sie schwierige und wichtige Aufgaben vor sich haben. Doch sie gehören dazu. Gehen Sie Aufgaben dennoch systematisch an, denn die Arbeit tut sich nicht von alleine und belastet Sie zudem unnötig, wenn Sie sie hinauszögern.
28 bis 44 Punkte	Sie sind in der Lage, konsequent und zielstrebig zu arbeiten. Auch ein größeres Arbeitspensum oder eine schwierige Aufgabe dürfte Ihnen keine großen Probleme bereiten.

	Aufschieben lenkt Sie ab und hindert Ihre Produktivität. Was können Sie gegen Aufschieberitis tun?
1	
2	
3	
4	
5	
6	
7	
8	
9	
10	

Ziehen Sie Bilanz: Was sind die ungeliebten Arbeiten beim Lernen, die Sie gerne aufschieben?

- **Entwickeln Sie Strategien**
  Was wollen Sie dagegen unternehmen, und zwar ab jetzt?
- **Schaffen Sie einen Ausgleich**
  Wie belohnen Sie sich, wenn Sie die ungeliebte Aufgabe tatsächlich in Angriff nehmen?

Perfektionismus

Sie haben Ihr Tagespensum abgeschlossen, fleißig Texte studiert und Wichtiges herausgeschrieben. Sie schauen sich das Ergebnis noch einmal an: »Das ist noch nicht gut genug, das geht noch besser«, werden Sie finden, wenn Sie zum Perfektionismus neigen. Also hängen Sie noch etwas Zeit dran, feilen hier, verbessern dort. Sie betrachten das Ergebnis, entdecken wieder ein »i-Tüpfelchen« ... Ein Ende finden Sie erst, wenn keine Zeit mehr für weitere Optimierungen bleibt oder Sie den Abgabetermin sogar schon überzogen haben.

Wie viel Zeit wird auf diese Weise verschwendet! Und Perfektionisten müssen sich sehr stark konzentrieren, um auch noch die letzte Verbesserungsmöglichkeit zu finden. Je perfekter ein Ergebnis sein soll, desto anfälliger sind Sie für Störungen. Ein Perfektionist kann niemals mit einem Ergebnis zufrieden sein. Er wird selbst an dem besten Ergebnis noch einen Makel finden. Die Folge ist, dass er selbst nie mit ungetrübter Freude und mit Stolz auf ein Ergebnis zurückschauen kann. Und deshalb wird er sich kaum mit stärkendem Erfolgsbewusstsein einer neuer Herausforderung stellen können. So kann ein ausgeprägter Perfektionismus ein wahrer Bremser seiner Effektivität sein. Das führt schnell zu Unmut und Demotivation, denn wenn das Ergebnis – vermeintlich – ohnehin nicht gut genug ausfallen wird, lohnt es das Engagement eigentlich gar nicht.

Perfektionisten geben damit ihre eigene Planung aus der Hand. Sie lassen sich von dem Ziel leiten, alles perfekt zu machen, statt sich ein der anstehenden Aufgabe angemessenes Ziel zu setzen und dieses gut zu erfüllen. Wie viel Zeit wird auf diese Weise verschwendet! Denn gut ist in den allermeisten Fällen gut genug. Setzen Sie die Zeit besser für Ihre Ziele ein.

 Zusammenfassung

Schaffen Sie sich Zeit zum Lernen, überprüfen Sie dazu Ihr Zeitmanagement.

Sorgen Sie für die notwendige Muße zum Lernen. Richten Sie sich einen festen Lernplatz ein, wo Sie Ihre Unterlagen stets zur Hand haben.

Versuchen Sie Störungen und Ablenkungen fernzuhalten.

Hindern Sie sich nicht selbst durch Untugenden wie Aufschieberitis und Perfektionismus.

Was wollen Sie von den Hinweisen in diesem Kapitel umsetzen? Schreiben Sie sich bitte alle wichtigen Punkte auf. Nutzen Sie dazu die Umsetzungshilfe am Ende dieses Buches.

Der Countdown beginnt: Planen Sie Ihren Erfolg

Zum Lernen gehört ein Plan. Ein Plan, der festlegt, wann Sie was machen wollen. Systematisch nach Plan lernen heißt ökonomisch lernen.

Schritt 11: Lernstoff auswählen

Versuchen Sie die folgenden Fragen so präzise wie möglich zu beantworten:

- Was müssen Sie alles lernen?
- Wie umfangreich ist der Stoff?
- Aber auch: Worauf können Sie verzichten?

> Sie wollen Ihr Englisch auf Vordermann bringen, weil Sie in drei Monaten einen neuen Job annehmen. Und in diesem Job müssen Sie regelmäßig Gespräche und Verhandlungen in englischer Sprache führen.
> Nun erwartet wahrscheinlich niemand, dass Sie die Sprache perfekt sprechen. Das ist bei einer Fremdsprache ohnehin nur möglich, wenn man die Sprache als Kind lernt. Auch alle Vokabeln brauchen Sie nicht zu beherrschen – das wären über 600.000.

Die Frage lautet deshalb: In welchem Umfang und wie präzise müssen Sie das Wissen parat haben? Es gibt Bereiche und auch Prüfungen, bei denen dürfen Sie keinen einzigen Fehler machen. Dann müssen Sie viel intensiver lernen als wenn es genügt, Überblickswissen zu haben oder einen bestimmten Prozentsatz der Fragen richtig beantworten zu können. Diese Art Zielsetzung hat natürlich häufig auch etwas mit Ihren Ansprüchen zu tun. Müssen Sie unbedingt die Prüfung mit »sehr gut« abschließen? Müssen Sie wirklich alles wissen, oder haben Sie den Mut zur Lücke? Bedenken Sie, dass man mit relativ geringem Aufwand relativ gute Ergebnisse erreichen kann.

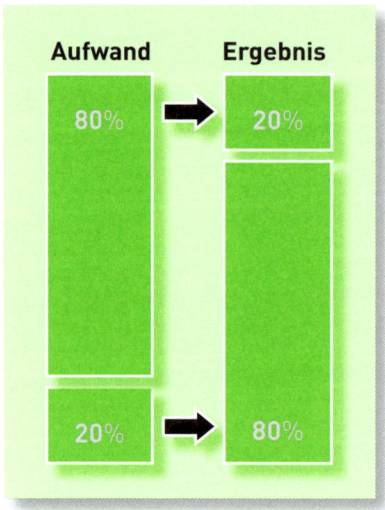

Aufwand	Ergebnis
80%	20%
20%	80%

Vilfredo Pareto, ein italienischer Volkswirt, stellte im 19. Jahrhundert die These auf, dass 20 % der aufgewendeten Energie und Zeit bereits 80 % des Ergebnisses hervorbringen. Für die restlichen 20 % bedarf es noch eines fünffachen Zeit- und Energieeinsatzes. Das gilt natürlich auch für Ihr Lernen.

Zu unserem Beispiel: Man kann sich in einer Fremdsprache gut verständigen und die meisten Alltagssituationen kommunikativ gut bewältigen, wenn man sich einen Wortschatz von ca. 2.000 Wörtern aneignet.

Wollen Sie sich in (nahezu) allen Situationen gut verständigen, brauchen Sie mindestens 6.000 Wörter und müssen einen entsprechend höheren Aufwand beim Lernen leisten. Um ein Vokabular wie ein Muttersprachler zu erreichen, brauchen Sie einen Wortschatz von deutlich über 10.000 Wörtern.

Die zweite Grundfrage zur Auswahl des Lernstoffs lautet: Was wissen Sie bereits? Wohl kein Schulabgänger in Deutschland hat es beispielsweise geschafft, ohne irgendwelche Fremdsprachenkenntnisse durchzukommen. Deshalb sollten Sie eine Bestandsaufnahme vornehmen:

- **Was wird von Ihnen erwartet?**
- **Welche dieser Anforderungen erfüllen Sie bereits?**
- **Wo haben Sie noch Lücken?**

Eine Bestandsaufnahme vorzunehmen bedeutet, die Vorkenntnisse möglichst zu überprüfen und nicht nur abzuschätzen. Denn dabei könnte man sich auch verschätzen.

Beherzigen Sie daher die folgenden Tipps:

1. Setzen Sie selbst Ihren Standard

   Planen Sie nicht nur das Ziel, planen Sie auch die Anforderungen an das Ergebnis und den Aufwand, den Sie leisten wollen:

   »Was will ich erreichen?«

   »Was ist zu tun, damit ich das erreiche?«

   »Wie viel Zeit veranschlage ich dafür?«

   Setzen Sie sich durch die Beantwortung der drei oben genannten Fragen jeweils den eigenen, der Aufgabe angemessenen Qualitätsstandard.

2. Fragen Sie nach den Erwartungen

   Wenn Sie sich einer Prüfung stellen, erkundigen Sie sich nach den geforderten Leistungen.

   »Was genau wird verlangt?«

   »Welcher Umfang, welcher Detaillierungsgrad?«

   Aber auch *»Mit welchem Ziel wollen Sie lernen?«*

   Die Zielsetzung ist deshalb wichtig, weil sich danach Ihre Strategie beim Lernen richtet. Es gibt vier grundsätzliche Ziele:

- **Kennen**

  Sie müssen Begriffe und Zusammenhänge (lediglich) kennen, auswendig wissen. Beispiel: Sie müssen in einer Prüfung die Muskeln der Hand in der richtigen Reihenfolge mit ihren korrekten lateinischen Namen benennen können.

- **Verstehen**

  Sie wollen die Zusammenhänge richtig verstehen, im Beispiel etwa, wie die Muskeln zusammenarbeiten. Dann reicht Auswendiglernen nicht aus. Sie müssen sich gedanklich mit den Sachen beschäftigen, sie durchdringen, Zusammenhänge herstellen, Beispiele suchen. Der Vorteil: Das Wissen bleibt viel besser im Gedächtnis, als wenn Sie nur auswendig lernen.

- **Anwenden**

  Sie wollen oder müssen das Wissen anwenden, eine Aufgabe lösen, einen Fall bearbeiten, das Wissen in der Praxis umsetzen. Dann ist es wichtig, dass Sie erstens alles richtig verstanden haben, zweitens das Anwenden üben.

- **Analysieren, Beurteilen**

  Die größte Herausforderung: Sie sollen Fälle beurteilen, eine eigene Meinung bilden, Ihr Urteil abgeben. Ein typisches Beispiel sind die Rechtsfälle, die in der juristischen Prüfung besprochen werden. Analysieren und Beurteilen setzt Wissen, Verstehen und Anwenden voraus. Ohne diese Grundlagen kommen Sie nicht weiter. Damit ist der Lernaufwand auch am höchsten, dafür aber der Nutzen für die Praxis auch besonders gut.

Machen Sie gleich den ersten Schritt.

	Listen Sie auf, mit was Sie sich beschäftigen wollen. Das können Themen sein (organische Chemie, anorganische Chemie ...) oder Bereiche (Vokabeln, Grammatik, Konversation ...).
1	
2	
3	
4	
5	
6	
7	
8	
9	
10	

Um noch einen besseren Überblick über den Stoff zu bekommen, können Sie auch noch die einzelnen Themen/Bereiche untergliedern. Der Vorteil: Mit der ersten Übersicht schaffen Sie bereits die Basis für einen guten Lernerfolg.

Mind Maps geben Ihnen einen Überblick

Für eine solche Strukturierung gut geeignet ist das sogenannte Mind Mapping. Die Grundidee des Mind Mapping ist einfach: Assoziationen zu einem Thema werden gesammelt, visualisiert und gleichzeitig strukturiert. Das Ergebnis ist ein Mind Map, eine Gedankenkarte.

Gearbeitet wird mit Schlüsselwörtern, und mit einem zentralen Schlüsselwort, dem Thema, wird auch begonnen. Man schreibt dieses Schlüsselwort mitten auf das Blatt in einen Kreis, symbolisch betrachtet in die Mitte eines gezeichneten Baumstamms. Danach sucht man Hauptgedanken (Unterbegriffe), die zu dem Thema gehören. Diese Hauptgedanken zweigen in der Zeichnung wie Äste vom Stamm ab.

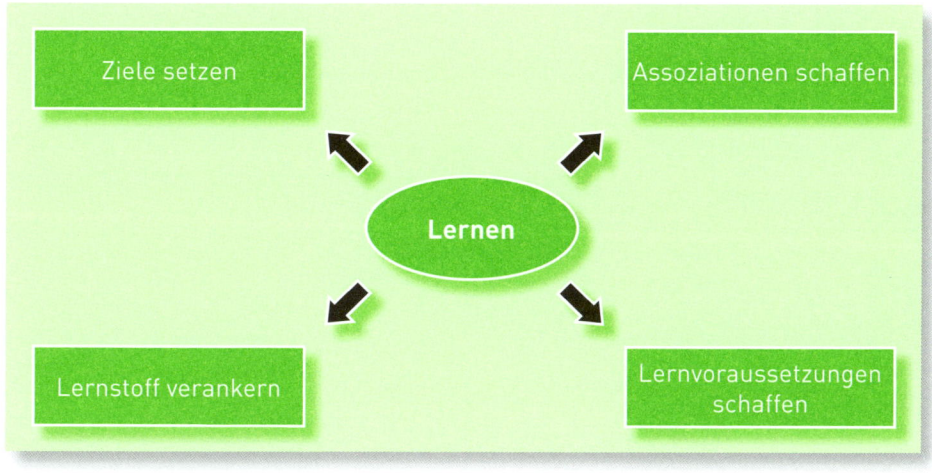

Diese Hauptgedanken können durch weitere Gedanken, die wiederum Unterbegriffe darstellen, weiter differenziert und als weitere Verästelungen dargestellt werden. Man kann Zweigen und Ästen Namen zuordnen, um damit Verantwortlichkeiten zu dokumentieren, man kann durch Zahlen Prioritäten setzen und durch ein Datum Termine. Bei der Erstellung von Mind Maps gelten einige wenige Regeln:

- **Verwenden Sie möglichst nur Stichwörter.**
- **Schreiben Sie die Begriffe so an die Zweige und Äste, dass die Zuschauer sie ohne Kopfverrenkungen betrachten können.**
- **Schreiben Sie wegen der besseren Lesbarkeit mit Druckbuchstaben.**
- **Verwenden Sie verschiedene Farben zur Verdeutlichung von Gemeinsamkeiten, Unterschieden, Zusammenhängen.**

Zusätzlich lassen sich Symbole für Anmerkungen nutzen:

!	wichtiger Punkt
⚡	kritischer Punkt
💡	gute Idee, weiter ausbauen
?	unklarer Punkt

Schritt 12: Zeitbedarf abschätzen

Wie lange brauchen Sie zum Lernen? Um die Frage beantworten zu können, müssen Sie drei weitere Fragen stellen:

- **In welcher Form liegt der Stoff vor?**
- **Wie umfangreich ist der Lernstoff?**
- **Wie viel Zeit haben Sie zum Lernen?**

Wenn Sie Glück haben, hat sich schon jemand anderes die Mühe gemacht und den Lernstoff aufbereitet.

> Sie besorgen sich im Handel einen Vokabeltrainer Business-English oder ein Sprachlernprogramm, bei dem die Bearbeitungszeit mit angegeben ist.

Meist werden Sie aber aus und mit Texten lernen. Dann können Sie die Zeit abschätzen, die Sie brauchen. Ein durchschnittlicher Leser benötigt ca. 3 bis 5 Minuten, um eine Seite aufmerksam zu lesen. Hinzu kommt noch die Zeit, die er braucht, um Wichtiges anzukreuzen und herauszuschreiben. Zusammengenommen können Sie davon ausgehen, dass Sie 5 bis 10 Minuten brauchen, um eine Seite durchzuarbeiten. Multipliziert mit der Zahl der Seiten, haben Sie einen ersten Anhaltspunkt, wie viel Zeit Sie benötigen.

Aber Lesen und Herausschreiben reichen natürlich nicht aus. Sie müssen wichtige Begriffe und Zusammenhänge aus dem Gedächtnis reproduzieren können. Für das Komprimieren der Information und für Wiederholungen sollten Sie mindestens noch einmal dieselbe Zeit einplanen.
Bleibt noch die Frage, wie viel Zeit Sie für das Lernen erübrigen können, ohne sich zu viel zuzumuten und ohne auf Erholung zu verzichten.

Auf der Grundlage des Zeitgerüstes können Sie jetzt rückwärtsrechnen. Wann müssen Sie den Stoff beherrschen? Daraus ergibt sich: Wann müssen Sie mit dem Lernen beginnen?

1	Überschlagen Sie, wie viele Seiten Sie lesen müssen.		Seiten
2	Teilen Sie die Seitenzahl durch die Zahl 6. Dann wissen Sie, wie viele Stunden Sie einplanen müssen.		Stunden
3	Nehmen Sie die Zahl der Stunden mit 2 mal, um die Wiederholungen einzubeziehen.		notwendige Lernstunden
4	Überlegen Sie, wie viele Stunden Sie pro Tag für das Lernen einplanen wollen. Bitte seien Sie dabei realistisch. Teilen Sie die Zahl der notwendigen Lernstunden durch die Zahl der verfügbaren Stunden pro Tag. Als Ergebnis haben Sie eine Schätzung des Aufwandes in Tagen.		Lerntage
5	Zu welchem Termin muss der Lernprozess abgeschlossen sein?		Termin
6	Letzter Schritt: Rechnen Sie zurück, wann Sie mit dem Lernen beginnen sollten.		Beginn

Auch das Alter spielt eine Rolle

Die notwendige Lernzeit hat allerdings auch etwas mit dem Alter und dem Lerntraining zu tun. Was jungen Menschen noch leichtfällt, weil sie ein gutes Gedächtnis haben und im Lernen drinstecken, benötigt mit zunehmendem Alter mehr Zeit.

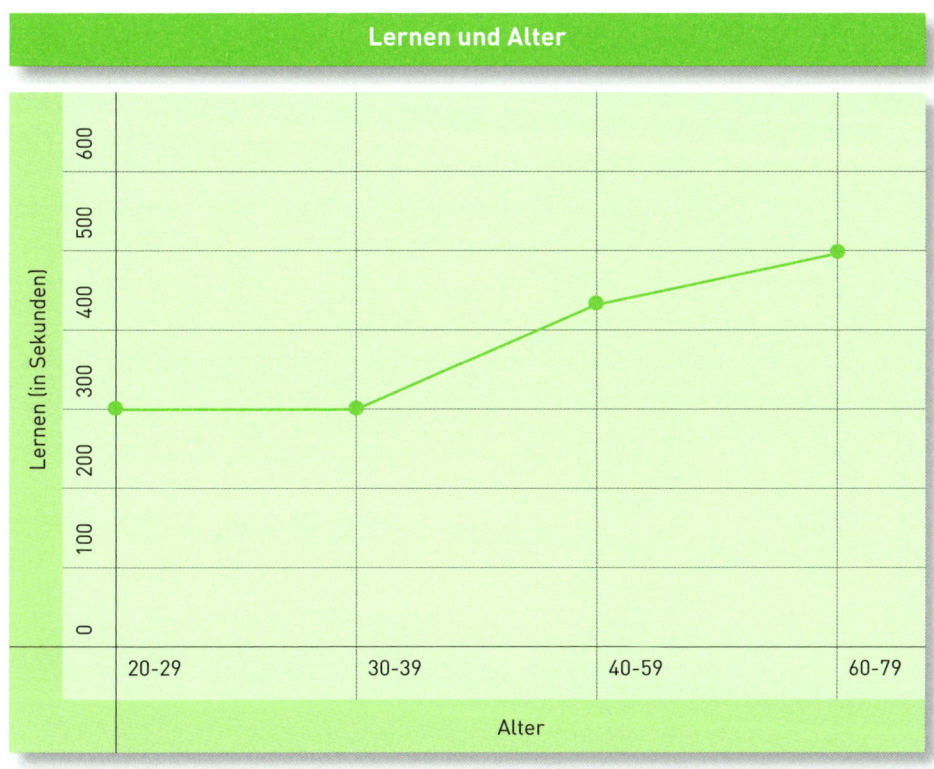

Lernen und Alter

Wie sich das Lernverhalten verändert, wie zeigt die obenstehende Grafik. Je älter man wird, desto länger dauert es, sich neuen Lernstoff anzueignen. Die Unterschiede sind deutlich. 60-Jährige brauchen fast doppelt so lange wie 20-Jährige.

Worin könnte dieses Ergebnis begründet sein?

✎	Warum lernen Ihrer Meinung nach junge Menschen schneller als ältere Menschen?
1	
2	
3	

Der Grund liegt (wahrscheinlich) darin begründet, dass junge Menschen durch ihre Schulzeit besser im Lerntraining stehen. Außerdem ist ihr Kurzzeitgedächtnis noch recht gut. Ältere Menschen haben mehr Erfahrungen gesammelt. Das ist einerseits positiv, andererseits kann es den Erwerb neuen Wissens erschweren, weil neue Stoffe erst in die vorhandenen Wissensstrukturen eingebettet werden müssen. Dies kostet Zeit und diese Zeit sollten Sie sich nehmen. Die positive Seite: Wenn ältere Menschen erst einmal etwas gelernt haben, haftet es besonders gut im Gedächtnis.

Zum Schluss können Sie planen, welche Themen (Lektionen) Sie in welcher Zeit lernen wollen.

Lernplan

Lektion	In welche Lektionen lässt sich der gesamte Lernstoff aufteilen?
1	
2	
3	
4	
5	
6	
7	
8	
9	
10	

Lektion	Wie lange schätzen Sie die Zeit, um sich den Lernstoff anzueignen? (Std.)	Für wie schwierig schätzen Sie den Lernstoff ein?	Wie viele Wiederholungen scheinen Ihnen sinnvoll?	Wie viel Zeit sehen Sie für die Wiederholungen vor? (Std.)
1				
2				
3				
4				
5				
6				
7				
8				
9				
10				

Schritt 13: Lernzeiten festlegen

Kein Mensch kann den ganzen Tag lernen. Auch nicht jede Tageszeit ist für jeden Menschen zum Lernen gleich gut geeignet. Generell unterscheidet man einen Morgen- und einen Abendtyp. Der Morgentyp hat sein Leistungshoch in den Vormittagsstunden, der Abendtyp nachmittags und abends.

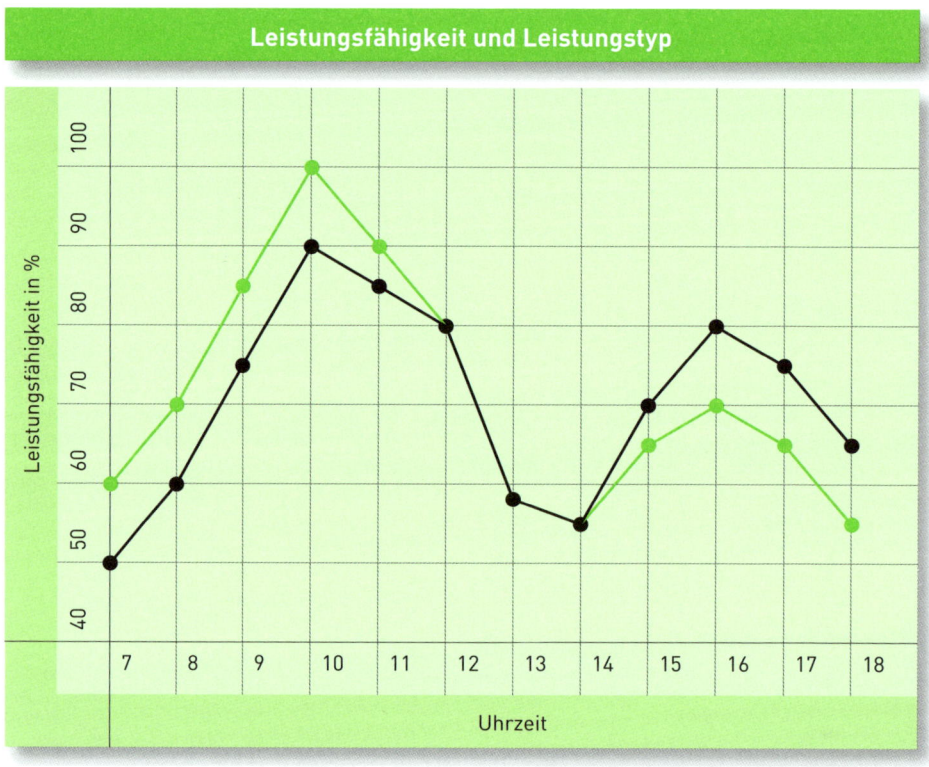

Generell ist die Leistungsfähigkeit am frühen Vormittag gegen 10 Uhr besonders hoch. Dies gilt für Morgen- und Abendtypen, allerdings ist die Kurve beim Abendtypen morgens flacher. Dafür sind die Abendtypen nach dem Mittagsloch etwas leistungsfähiger als die Morgentypen.

Morgen- oder Abendtyp? Prüfen Sie es nach

	Morgen oder Abendtyp?		
	Zu welchem Typ Sie gehören, können Sie mit folgenden Fragen ermitteln:		
		ja	nein
1	Stehen Sie morgens zeitig auf, um in Ruhe zu frühstücken?	0 ☐	1 ☐
2	Schlafen Sie am Wochenende lange aus?	1 ☐	0 ☐
3	Haben Sie abends Probleme, ins Bett zu kommen?	1 ☐	0 ☐
4	Nehmen Sie sich morgens im Büro gleich die wichtigen und schwierigen Sachen vor?	0 ☐	1 ☐
5	Bleiben Sie nachmittags öfter länger im Büro?	1 ☐	0 ☐
6	Fangen Sie morgens spät an zu arbeiten?	1 ☐	0 ☐

Zählen Sie Ihre Punkte zusammen. Je näher Sie der Punktzahl 6 kommen, desto wahrscheinlicher sind Sie ein Abendtyp, je näher Sie an 0 sind, desto eher sind Sie ein Morgentyp.

Mit dieser Einschätzung haben Sie schon den ersten Anhaltspunkt, um Ihre persönliche Leistungskurve zu zeichnen.

Persönliche Leistungskurve

Bitte zeichnen Sie Ihre persönliche Leistungskurve von morgens 6 Uhr bis abends 22 Uhr.

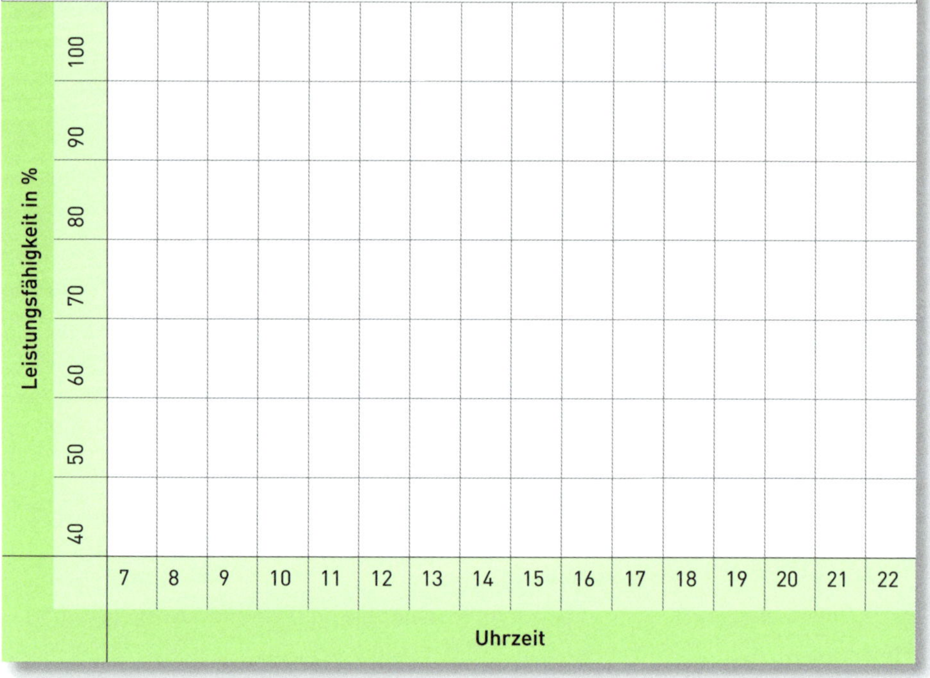

Leistungsfähigkeit in %																
100																
90																
80																
70																
60																
50																
40																
	7	8	9	10	11	12	13	14	15	16	17	18	19	20	21	22

Uhrzeit

Auch Störungen beeinflussen Ihr Lernen

Es gibt Zeiten am Tag, wo Störungen häufig vorkommen. Störungsarme Zeiten liegen meist zu Beginn des Arbeitstages, in der Mittagszeit, am späten Nachmittag.

72

Störungskurve

Bitte überlegen Sie, wann bei Ihnen Störungen häufig sind und wann nicht.

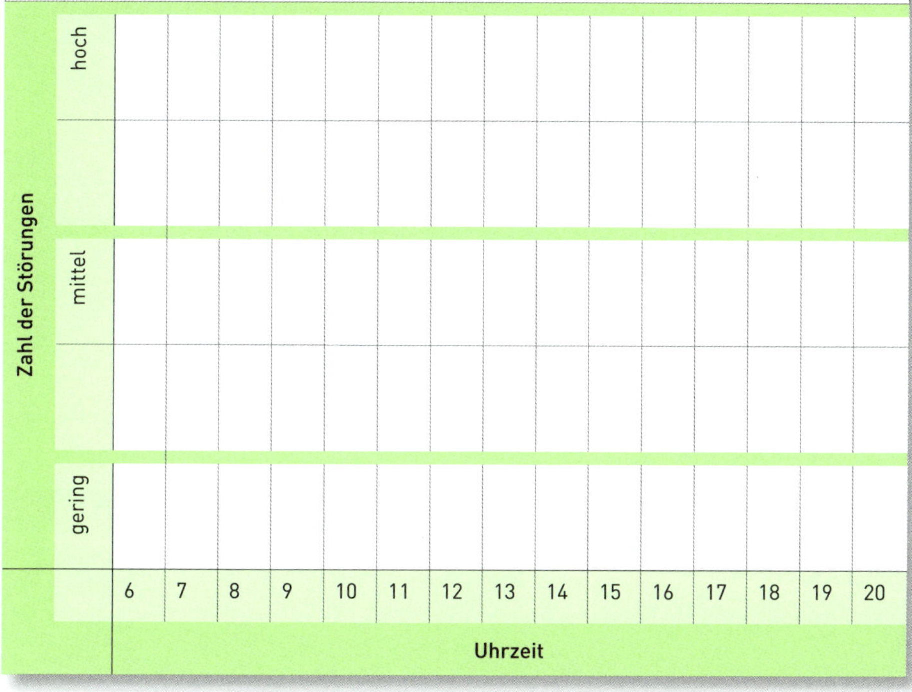

Zahl der Störungen

hoch

mittel

gering

6	7	8	9	10	11	12	13	14	15	16	17	18	19	20

Uhrzeit

Die wenigsten Störungen sind im Büro meist morgens früh, in der Mittagspause und am späten Nachmittag. Im privaten Bereich hängen die hauptsächlichen Störungs-zeiten davon ab, wo und wie Sie leben, ob Sie Kinder haben, den Haushalt versorgen, mit dem Hund Gassi gehen müssen u.a. Wenn Sie jetzt noch Ihre Leistungskurve mit der Störungskurve vergleichen, finden Sie schnell die Zeit heraus, die Ihre ideale Lernzeit ist.

Auch über die Woche verteilt gibt es Zeiten mit vielen und Zeiten mit wenigen Störungen. Denken Sie nur an Montag früh und Freitagnachmittag. Deshalb macht es Sinn, auch eine Wochenstörkurve zu zeichnen.

Vereinbaren Sie mit Ihrer Familie Zeiten, wo Sie ungestört arbeiten können. Diese Zeiten sollten alle respektieren. Auf der anderen Seite sollten Sie sich in der übrigen Zeit Ihrer Familie widmen und ihr die ganze Aufmerksamkeit schenken. Wer viel lernt, braucht auch Abwechslung und Entspannung.

Reservieren Sie sich Zeiten zum Lernen, an denen Sie (noch) leistungsfähig sind, Störungen aber selten sind. Sie suchen nach der idealen Lernzeit für sich. Dann sollten Sie Ihre Leistungsfähigkeit und die Zeiten berücksichtigen, in denen Störungen selten sind.

- **Sie sind Frühaufsteher und fangen früh zu arbeiten an. Dann sollten Sie die Zeit nutzen, bevor die ersten Störungen auftauchen.**
- **Sie legen auf Mittagessen Punkt 12 Uhr keinen größeren Wert. Dann nutzen Sie die ruhige Mittagszeit.**
- **Sie sind am späten Nachmittag noch fit. Dann sollten Sie die Zeit nutzen, wenn Ihre Kollegen bereits die Taschen packen.**
- **Sie sind ein Nachtmensch. Dann sollten Sie überlegen, ob es für Sie sinnvoll ist, zu lernen, wenn die Kinder schon im Bett sind.**

Wenn möglich, verteilen Sie die Lernzeiten gleichmäßig über die (Wochen-)Tage. Zehn, zwölf Stunden pro Tag lernen zu wollen, ist ineffizient und die Motivation leidet. Besser ist es, zwei bis vier, maximal sechs Stunden für das Lernen zu reservieren. Je länger Sie am Stück lernen, desto schwerer werden Sie sich mit dem Lernen tun. Die Aufnahmefähigkeit und die Konzentrationsfähigkeit nehmen ab. Was natürlich bedeutet, dass Sie früh genug anfangen müssen, wenn Sie sich auf eine Prüfung vorbereiten.

⊗	Lernplan	
An welchen Tagen in der Woche wollen Sie lernen?	Wann wollen Sie lernen? (Uhrzeit)	Wie lange wollen Sie lernen? (in Stunden)
☐ Montag		
☐ Dienstag		
☐ Mittwoch		
☐ Donnerstag		
☐ Freitag		
☐ Samstag		
☐ Sonntag		

Schritt 14: Lernplan erstellen

Machen Sie sich einen Plan: Halten Sie alle wichtigen Punkte schriftlich fest. Ihre Ziele, die zeitliche Planung, Ihre Zwischenziele. Dann können Sie besser kontrollieren, ob Sie noch im Plan sind, und können rechtzeitig gegensteuern, wenn Ihnen der Plan aus dem Ruder läuft.

Je langfristiger die Ziele, desto anfälliger sind sie gegenüber Verschiebungen und Vernachlässigung. Und umso schneller verlieren Sie die Lust. Ein einfaches Mittel dagegen: Zergliedern Sie Ihr Gesamtziel in Etappenziele.

Die Vorteile für Sie:
• **Mit Teilzielen haben Sie nicht ein Ziel, sondern viele. Und mit vielen Zielen haben Sie auch viele Erfolgserlebnisse und viele Kontrollpunkte auf dem Weg zum Erfolg.**
• **Und statt eines ungewissen Erfolgserlebnisses ganz zum Schluss können Sie zwischendurch immer wieder, vielleicht sogar jeden Tag, jede Woche Ihren Erfolg abhaken und Ihren Fortschritt sehen.**

Zur Erstellung des Lernplans noch einige Tipps:

- **Lassen Sie sich Zeit**

  Bei der Zeitplanung verschätzt man sich schnell. Das liegt daran, dass man oft zu optimistisch an Dinge herangeht. Das führt dann schnell dazu, dass man mit der Zeit nicht zurechtkommt und frustriert ist. Die Folge kann sein, dass man die Flinte ins Korn wirft.

Seien Sie großzügig mit der zeitlichen Planung. Hier verschätzt man sich leicht. Aus dem gleichen Grund sollten Sie früh genug anfangen zu lernen, wenn Sie sich etwa auf eine Prüfung vorbereiten.

Es kann immer mal passieren, dass Sie tatsächlich keine Zeit oder auch mal keine Lust haben. Dann sollte Ihr schöner Plan nicht gleich aus den Fugen geraten und statt zu Erfolgserlebnissen zu Misserfolgen und Missstimmung führen.

- **Setzen Sie Meilensteine**

  Meilensteine sind Zwischenergebnisse. Definieren Sie solche Zwischenergebnisse. Sie helfen Ihnen, umfängliche Vorhaben überschaubar zu machen und Kontrollpunkte zu schaffen, mit denen Sie den Erfolg abschätzen können. Außerdem dienen sie Ihrer Motivation. Auf dem Weg zum Ziel haben Sie mit jedem Meilenstein ein ganzes Stück geschafft, ein Teilsieg errungen.

Setzen Sie deshalb regelmäßig Meilensteine, spätestens nach zwei bis drei Wochen.

Immer, wenn Sie ein Zwischenziel zum vorgegebenen Ziel erreicht haben, haben Sie einen Meilenstein erreicht. Freuen Sie sich darüber und belohnen Sie sich dafür.

- **Bauen Sie Puffer ein**

  Nicht immer werden Sie es schaffen, eisern an Ihrem Plan festzuhalten. Dies kann an äußeren Umständen liegen, etwa an einer Krankheit, es kann aber auch mit Unlust, dem berühmten inneren Schweinehund, zu tun haben. Wenn Sie zu eng planen, kommen Sie in solch einem Fall mit der Planung schnell durcheinander. Sehen Sie ab und zu Puffer vor, Reservezeiten für alle Fälle.

Sie haben sich vorgenommen, an jedem Wochentag zwei Stunden zu lernen. Doch dann kommt Ihnen etwas dazwischen. Wenn Sie bei der Kontrolle am Sammstag feststellen, dass es nicht geklappt hat, haben Sie als Reserve immer noch den Samstag und den Sonntag, um Ihr Wochenziel zu erreichen.

- **Planen Sie phasenweise**

  Planen Sie wie bei einem Projekt Ihr Vorhaben erst im Groben, bestimmen Sie einzelne Phasen mit den zugehörigen Meilensteinen. Wenn Sie dann zu einer bestimmten Phase kommen, planen Sie diese im Detail. Der Grund ist einfach: Bei solch einer phasenweisen Planung können die Erfahrungen der bereits abgeschlossenen Phasen einfließen. Ihre Detailplanung gewinnt dadurch an Präzision.

- **Prüfen Sie Risiken**

  Bei jedem Vorhaben gibt es Risiken: Sie werden krank, der Lernstoff erweist sich als umfangreicher als gedacht, Ihre Zeiteinteilung wird durcheinandergewirbelt. Vielleicht liegen Risiken aber auch darin, dass bei Ihnen die Begeisterung schnell wieder abnimmt oder Sie sich einfach nicht aufraffen können, wenn es Ihnen mental nicht so gut geht.

Versuchen Sie die Risiken mit in Ihre Planung aufzunehmen. Wenn Sie die nächste Phase Ihres Vorhabens planen, fragen Sie immer auch nach den Risiken, die in dieser Phase auftauchen könnten. Haben Sie ein Risiko erkannt, können Sie:

1. sich vorbeugende Maßnahmen überlegen, etwa überlegen, wie Sie Ihrer Motivation wieder auf die Sprünge helfen können.
2. Eventualmaßnahmen planen, sich überlegen, was Sie tun können, wenn der befürchtete Umstand tatsächlich eintritt.

- **Analysieren Sie Abweichungen**
  Sie haben Ihre Planung. Sie kontrollieren regelmäßig, was Sie erreicht haben. Kommt es zu Abweichungen, schaffen Sie nicht, was Sie sich vorgenommen haben, sollten Sie die Gründe analysieren. Denn nur dann können Sie lernen, solche Abweichungen in Zukunft zu vermeiden. Und vergessen Sie nicht, sich zu belohnen. Erfolge sollten gefeiert werden.

Erstellen Sie sich einen Lernplan. Dieser Plan begleitet Sie während der gesamten Lernphase.

Lernplan

Erstellen Sie sich einen Lernplan. Dieser Plan begleitet Sie während der gesamten Lernphase.

Ziele	Welche Ziele wollen Sie mit dem Lernen erreichen?
1	
2	
3	
4	
5	
Motivation	Warum ist es für Sie wichtig, diese Ziele zu erreichen?
1	
2	
3	
4	
5	
Start	Wann wollen Sie mit dem Lernen beginnen?
1	
Abschluss	Bis wann wollen/müssen Sie fertig sein?
1	
Meilensteine	Welches Teilziel soll am Ende des Schrittes erreicht sein? Bis wann wollen Sie das Teilziel erreichen?

	Meilenstein	Termin
1		
2		
3		

	Meilenstein	Termin
4		
5		
Belohnungen	Welche Belohnungen sehen Sie für das Erreichen der Meilensteine vor?	
1		
2		
3		
4		
5		
	Wie wollen Sie sich dafür belohnen, dass Sie Ihr Ziel erreicht haben?	
1		
	Dieser Plan begleitet Sie, bis Sie Ihr Ziel erreicht haben.	

Achten Sie darauf, dass Ihre Ziele, Ihre Strategie Raum lässt für alternative Vorgehensweisen, damit Sie sich nicht auf Jahre hinaus gänzlich festlegen müssen. In unserer schnelllebigen Zeit ist dies mit deutlichen Risiken verbunden.

Schritt 15: Pausen vorsehen

Auch Pausen sind für den Lernerfolg wichtig. Das zeigt eine Untersuchung zur Konzentrationsfähigkeit.

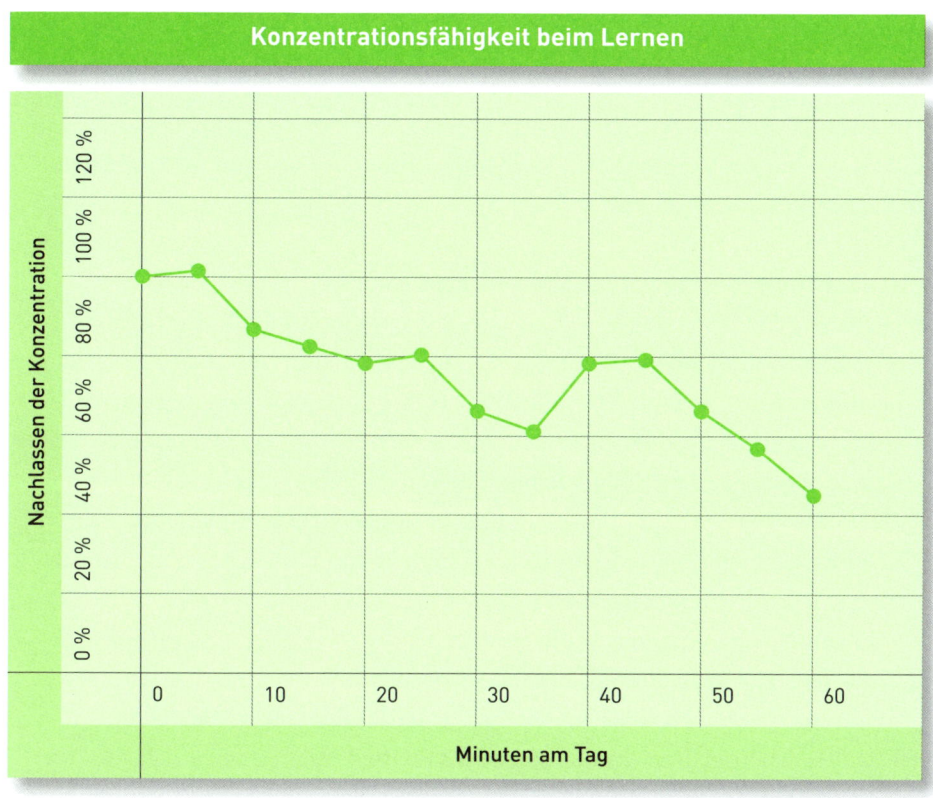

Die Konzentration hat bereits nach zehn Minuten Lernzeit merklich nachgelassen. Deshalb sollten Sie ab und zu Ihre Arbeit unterbrechen, nach spätestens einer dreiviertel Stunde eine Unterbrechung Ihres Lernens vorsehen. Nach weiteren 45 Minuten ist dann eine längere Pause fällig. Ansonsten werden wir immer fahriger, die Ergebnisse immer schlechter.

Wer viel lernt, braucht auch Verschnaufpausen. Und im Alltag haben Sie sicherlich auch schon erlebt, dass Sie manchmal einfach mal innehalten müssen, sonst leidet Ihre Produktivität. Warten Sie nicht ab, bis Ihre Gedanken abschweifen, Sie Texte »leer« lesen, ohne den Sinn zu verstehen – um dann wieder von vorne beginnen zu müssen. Wann Sie eine Pause brauchen, hängt von zwei Faktoren ab:

1. Wie schwierig der Lernstoff ist, anders ausgedrückt, wie stark Sie sich konzentrieren müssen.
2. Wie gut Sie sich konzentrieren können, wie müde Sie sind und welche Ablenkungen Ihre Konzentration hindern.

Hier fünf Tipps, die Sie bei Pausen beachten sollten:

- **rechtzeitig Pausen einlegen**
  Sie wissen, wie wichtig es ist, regelmäßig zu trinken, und zwar, bevor man Durst bekommt. Mit Pausen ist es ähnlich. Wenn Ihre Gedanken abschweifen, Sie müde werden, sich Fehler einschleichen, Sie vielleicht sogar schon Kopfschmerzen haben, ist es eigentlich schon zu spät. Die Pause ist überfällig.
  Die gute Nachricht: Eine Pause von fünf Minuten reicht meist aus, um wieder fit zu werden. Zumindest in der Zeit vor dem Mittagessen. Danach braucht Ihr Körper längere Erholungspausen.
- **Minipausen zum Auftanken nutzen**
  Ihnen fehlt ein Gedanke, Sie kommen nicht weiter. Versuchen Sie es dann mit folgendem Trick: Stehen Sie auf, öffnen Sie das Fenster, atmen Sie tief durch. Das alles dauert nicht mehr als eine, zwei Minuten. Aber Sie lösen sich von Ihrer Arbeit, verschaffen sich Bewegung und versorgen Ihr Gehirn mit Sauerstoff.
- **In Pausen nicht arbeiten**
  Sie haben Ihr Lernen für 15 Minuten unterbrochen, damit Sie einen Kaffee trinken können. Dann sollten Sie dies auch tun. Begehen Sie nicht den Fehler, schnell die Post oder die E-Mails durchzusuchen. Sie verzichten dadurch auf die Pause und Sie belasten sich mit neuen Dingen. Das könnte wiederum Ihre Konzentration in der Folge negativ beeinflussen.

- **Für Abwechslung sorgen**

  Tätigkeiten, die Sie fordern, lassen Sie schnell ermüden. Je höher die geforderte Konzentration, desto schneller sinkt die Aufmerksamkeit. Wechseln Sie beim Lernen deshalb zwischen anstrengenden Tätigkeiten und Routinetätigkeiten ab. Kopieren, Sortieren, Ordnen sind typische Routinetätigkeiten. Routinearbeiten haben einen großen Vorteil: Sie brauchen nicht groß zu überlegen, was Sie tun und wie Sie es tun. Dadurch ist Ihr Kopf frei, das Gelernte zu verarbeiten, vielleicht auch neue Lernstrategien zu entwickeln.

Sie sehen: Pausen sind eine sinnvolle Investition.

Schritt 16: Mit kleinen Schritten beginnen

Fangen Sie lieber langsam an, ein Sportler macht sich auch erst warm. Sorgen Sie gerade am Anfang für schnelle und sichere Erfolgserlebnisse. Das motiviert ungemein. Es kommt nicht darauf an, wie groß der Schritt ist, den Sie als Erstes tun, sondern dass Sie ihn überhaupt tun. Und es ist wichtig, dass Sie mit dem ersten Schritt gleich ein Erfolgserlebnis haben. Geistige Arbeit lässt sich gut vergleichen mit körperlicher Leistung: Sich als Ungeübter nach zwei Kilometern Joggen völlig abgekämpft zu fühlen, ist nicht unbedingt eine gute Motivation für den nächsten Tag und die nächste Etappe. Der erste Schritt sollte Sie nicht gleich überfordern.

Überprüfen Sie noch einmal, ob das Tempo, mit dem Sie Ihr Ziel umsetzen wollen, wirklich Ihren persönlichen Voraussetzungen entspricht.

Danach können Sie die Anforderungen immer noch steigern und schützen sich vor Enttäuschungen, die fast zwangsläufig auf übertriebene Zielsetzungen folgen und nur das Gefühl verstärken, schwach und unfähig zu sein.

Aus demselben Grund sollten Sie mit dem Lernstoff beginnen, der Ihnen liegt, zu dem Sie schon Erfahrungen sammeln konnten oder Vorkenntnisse besitzen.

Dann fallen Ihnen das Verständnis, das Lernen und auch das Behalten einfacher. Beachten Sie die vier pädagogischen Prinzipien:

- vom Leichten zum Schweren,
- vom Bekannten zum Unbekannten,
- vom Konkreten zum Abstrakten,
- vom Nahen zum Fernen.

Schlagen Sie eine Brücke von Ihren Erfahrungen und Ihrem Wissen zum Lernstoff.

Schritt 17: Mit Anreizen arbeiten

Wenn Sie fünf Jahre fast Ihre gesamte Freizeit opfern, können Sie fließend Japanisch sprechen und schreiben lernen. Das ist nicht gerade ermutigend. Je langfristiger die Ziele, je umfangreicher das Vorhaben, desto schwieriger für Sie, Zeit und Motivation dafür aufzubringen. Desto wichtiger sind für den Erfolg Belohnungen. Immer, wenn Sie ein Etappenziel erreicht haben, können Sie sich darüber freuen und sollten sich dafür belohnen. Nehmen Sie die Belohnungen mit in Ihren Veränderungsplan auf, gehen Sie einen schriftlichen Vertrag mit sich selbst ein: *«Wenn ich bis zum 20. März dies Etappenziel erreicht habe, belohne ich mich mit ...»*

Je wichtiger das Etappenziel, desto größer dürfen die Belohnungen sein.

Denken Sie an den Grundsatz: Kleine Ziele, kleine Belohnungen, große Ziele, große Belohnungen.

Probieren Sie das gleich mal aus. Erstellen Sie sich eine Liste mit Belohnungen.

	Welche Belohnungen sehen Sie vor? Wann wollen Sie sie einsetzen?	Tagesziel	Wochenziel	Monatsziel
1		☐	☐	☐
2		☐	☐	☐
3		☐	☐	☐
4		☐	☐	☐
5		☐	☐	☐
6		☐	☐	☐
7		☐	☐	☐
8		☐	☐	☐
9		☐	☐	☐
10		☐	☐	☐

Belohnungen können von einem guten Glas Wein, dem Gespräch mit der Freundin über einen Kinobesuch bis zu einem Wochenendtrip reichen.

- **Erfolgserlebnisse stärken die Zuversicht**
  Erfolgserlebnisse in Verbindung mit Belohnungen motivieren uns nicht nur, sie schaffen auch ein anderes Bild von unserem Vorhaben. Was Ihnen am Anfang schwierig und problematisch erschien, wird mehr und mehr zu einer Herausforderung, die Sie sicher bewältigen. Je mehr Erfolge Sie haben, desto zuversichtlicher werden Sie. Erfolgserlebnisse schützen Sie zudem davor, dass Sie wiederholt Vorhaben aufgeben. Irgendwann drückt das dann ziemlich auf das Selbstwertgefühl und der Elan schwindet zusehends, sich wieder neuen Herausforderungen zu stellen.

Schritt 18: Gewohnheiten schaffen

Der Mensch ist ein Gewohnheitstier. Zwischen Aufstehen und Zu-Bett-Gehen tun wir sehr viele Dinge aus Gewohnheit, ohne recht mit den Gedanken dabei zu sein. Solche Gewohnheiten sind wichtig: Sie entlasten. Wenn Sie alles bewusst machen würden, würde Sie dies viel Kraft kosten und Sie unnötig belasten. Gewohnheiten helfen uns, ohne großes Nachdenken das Richtige zu tun. Je komplizierter die Umwelt, je mehr Sie zu tun haben, desto wichtiger sind Gewohnheiten.

Wie sehr wir von Gewohnheiten abhängig sind, zeigt sich beispielsweise, wenn Sie mal wieder Ihren Schlüssel suchen. Sie wissen, Sie haben ihn eingesteckt, aber wohin, dass haben Sie nicht richtig »mitbekommen«.

Beim Lernen können einzelne Gewohnheiten hinderlich sein, zum Beispiel, wenn Sie das Gefühl haben, alle halbe Stunde eine Pause einlegen zu müssen, um eine Zigarette zu rauchen. Oder wenn Sie gerne Dinge gemütlich angehen: Vor dem Lernen sich erst einmal einen Kaffee machen, dann erst Ihren Schreibtisch aufräumen, Blätter, die darauf herumliegen, noch einmal in Ruhe studieren, vielleicht auch schnell die E-Mails checken, ... Dabei geht Ihnen viel kostbare Lernzeit verloren.

Doch es gibt auch die Möglichkeit, sich Gewohnheiten zunutze zu machen. Dazu müssen Sie als Erstes Gewohnheiten bilden:

1. Jeden Abend zwischen 18 und 20 Uhr sitzen Sie am Schreibtisch und beginnen sofort mit der Arbeit.
2. Diese zwei Stunden unterbrechen Sie nur durch eine kurze Pause um 19 Uhr. Sie holen sich einen Kaffee.
3. Die Zeit zwischen 19:40 und 20:00 haben Sie für Wiederholungen reserviert.
4. Samstags zwischen 10 und 12 Uhr wiederholen Sie das Lernpensum der vergangenen Woche.

Diesen Rhythmus halten Sie ein – wenn irgend möglich. Denn er soll zu einer Selbstverständlichkeit werden. Dazu muss er oft genug wiederholt werden.

Untersuchungen zeigen, dass man ein neues Verhalten häufig einüben muss, bis es zur Gewohnheit geworden ist. Je älter man ist, desto länger kann dies dauern. Die Faustregel lautet:

• Wiederholen Sie ein neues Verhalten mindestens so häufig wie Ihr Alter in Jahren ist. Nur so kann sich das neue Gewohnheitsmuster gegenüber dem alten durchsetzen.

Es gibt ein sicheres Anzeichen, dass es geklappt hat: Ist das Verhalten zur Gewohnheit geworden, legt unser Gehirn eine Art Kippschalter um. Die Gewohnheit fehlt Ihnen, wenn Sie einmal nicht dazu kommen. Das ist genau der Punkt, wo sich die neue Gewohnheit eingeschliffen hat.

Schritt 19: Unterstützung suchen

Wenn möglich, suchen Sie sich Menschen, die ähnliche Ziele haben. Damit schaffen Sie sich eine »soziale Kontrolle« und eine zusätzliche Motivation. Im Austausch können Sie zudem Unklarheiten ausräumen und voneinander lernen.

In der Gruppe können Sie sich auch ein Belohnungssystem aufbauen. Wer regelmäßig seinen Stoff beherrscht, bekommt einen ausgegeben. Es geht natürlich auch anders herum: Wer nicht zum Lerntreff kommt, muss fünf Euro in die Bierkasse einzahlen. Schließlich können Sie auch Ihre Erfolge gemeinsam feiern.

Allerdings muss die Gruppe tatsächlich zu Ihnen passen. Wenn die Gruppe im eigentlichen und im übertragenen Sinne ein anderes Tempo einschlägt, also schneller laufen oder schneller lernen will als Sie, wenn die Ausgangssituation anders ist und die Gruppe vielleicht viel mehr Zeit für gemeinsame Treffen hat, kann der positive Effekt der Gruppe umschlagen. Sie fühlen sich als Versager, weil Sie das Tempo nicht mithalten können.

Hüten Sie sich vor Miesmachern, wenn Sie mit Schwung etwas angehen. Sonst geht Ihre Motivation gleich mit verloren.

Wenn Sie anderen über Ihr Vorhaben erzählen, hören Sie neben unterstützenden auch demotivierende »Sprüche«. Rechnen Sie damit, dass andere Ihre ersten Erfolge nicht nur wohlwollend kommentieren. Dabei spielen wahrscheinlich (unbewusster) Neid und schlechtes Gewissen eine Rolle: »Ich sollte auch ..., wieso schafft der das...?«

Zusammenfassung

Überlegen Sie, was Sie tatsächlich lernen müssen. Versuchen Sie sich dabei zu beschränken.

Analysieren Sie die Erwartungen, die an Sie gestellt werden, und den Anspruch, den Sie selbst an sich haben.

Ordnen Sie den Stoff übersichtlich.

Schätzen Sie den Zeitbedarf ab. Berücksichtigen Sie dabei den Umfang des Lernstoffs, aber auch die Zeit, die Sie zum Lernen erübrigen können.

Machen Sie sich einen genauen Plan, wann Sie was lernen wollen.

Umsetzungshilfe

Was wollen Sie von den Hinweisen in diesem Kapitel umsetzen? Schreiben Sie sich bitte alle wichtigen Punkte auf. Nutzen Sie dazu die Umsetzungshilfe am Ende dieses Buches.

Eine Frage des Stils: effektiv lernen

Sie wollen schnell und ohne allzu großen Aufwand Ihr selbst gestecktes Ziel erreichen. Dann heißt es, so effizient zu lernen wie möglich. Das spart Zeit, schafft Ihnen mehr Erfolgserlebnisse und führt Sie sicher zum Ziel.

Schritt 20: Lerntyp bestimmen

Jeder Mensch hat seinen »Lieblingssinn«, auch und gerade beim Lernen. Der eine hört einen Witz ein Mal und kann ihn danach auswendig, der andere lernt am besten in einer Vorlesung. Der eine kann sich gut Gesichter merken, der andere Namen oder Stimmen. Selbst Redewendungen deuten auf solche Vorlieben bei den Sinneskanälen hin: *»Auf diesem Ohr höre ich schlecht«* oder *»Ich sehe eine Situation klar vor mir.«*

Es gibt drei verschiedene Lerntypen:
- der visuelle Typ, der am besten lernt, wenn er etwas über das Auge aufnimmt
- der auditive Typ, der gut lernt, wenn er etwas hört
- der haptische Typ, der Sachen tun und Dinge anfassen muss

Wenn Sie wissen, was für ein Typ Sie sind, können Sie sich das Lernen erleichtern. Mit dem folgenden Test können Sie Ihren Lerntyp bestimmen. Bitte kreuzen Sie pro Frage nur die Antwort an, die Ihnen am meisten entspricht.

1 Wie lernen Sie eine neue Sprache?

Ich kaufe mir einen Kurs mit Hörkassetten.	a ☐
Ich kaufe mir ein Lehrbuch.	b ☐
Ich arbeite mit einer Lernkartei.	c ☐

2 Sie wollen sich einen Namen merken. Wie gelingt Ihnen das am besten?

Ich sage mir den Namen mehrfach laut vor.	a ☐
Ich schaffe mir ein Bild, eine Verbindung zu dem Gesicht.	b ☐
Ich schreibe mir den Namen auf.	c ☐

3 Sie haben sich ein neues Telefon gekauft. Wie informieren Sie sich über die Funktionsweise?

Ich studiere die Betriebsanleitung.	b ☐
Ich probiere die Funktionen aus.	c ☐

4 Sie wollen sich über das Weltgeschehen informieren. Welches Medium bevorzugen Sie?

Das Radio	a ☐
Die Tageszeitung	b ☐

5 Sie hören einen Vortrag und wollen sich wichtige Punkte merken.

Es reicht, wenn ich aufmerksam zuhöre.	a ☐
Ich schreibe mir Stichwörter auf.	c ☐

6 Was ist für Sie besonders wichtig, um ungestört arbeiten zu können?

keine störenden Geräusche	a ☐
ein aufgeräumter Arbeitsplatz	b ☐
Platz, um mich bewegen zu können	c ☐

7	Sie erklären einem anderen einen komplizierten Zusammenhang. Wie gehen Sie vor?		
	Ich versuche mit Beispielen und Vergleichen die Anschaulichkeit zu erhöhen.	a	☐
	Ich zeichne eine Skizze.	b	☐
	Ich greife zu Gegenständen und lege ein Bild.	c	☐
8	Denken Sie an Ihren Lieblingsschauspieler. Was mögen Sie an ihm besonders?		
	Die Art, wie er spricht	a	☐
	Wie ausdrucksstark sein Gesicht ist	b	☐
	Wie er sich bewegt und sich gibt	c	☐
9	Sie wollen am Wochenende eine Veranstaltung besuchen. Wohin tendieren Sie?		
	Zu einem Konzert	a	☐
	Zu einer Ausstellung	b	☐
	Zu einem Kreativkurs an der Volkshochschule	c	☐
10	Sie haben sich einen neuen Fernseher gekauft. Wie machen Sie sich mit der Bedienung vertraut?		
	Ich lese die Betriebsanleitung durch	b	☐
	Ich probiere die Handhabung aus	c	☐
11	Sie lassen sich von einem Freund den Weg zu einem Baumarkt erklären. Was ist Ihnen am liebsten?		
	Er soll mir den Weg Schritt für Schritt erklären	a	☐
	Er soll mir eine Skizze zeichnen	c	☐
12	Sie besuchen ein Seminar. Was wäre Ihnen lieber?		
	Ein interessanter Vortrag		
	Viele Praxisübungen	b	☐
		c	☐

Sie erinnern sich an einen Freund, den Sie seit Jahren nicht gesehen haben. Woran erinnern Sie sich besonders gut?

An den Klang seiner Stimme   a ☐

An sein Aussehen   b ☐

An die Dinge, die sie gemeinsam gemacht haben   c ☐

Zur Auswertung zählen Sie bitte alle Kreuzchen bei a, b und c zusammen. Wo haben Sie die meisten Punkte?

Zur Auswertung zählen Sie bitte alle Kreuzchen bei a, b und c zusammen. Wo haben Sie die meisten Punkte?		
	Punkte	Lerntyp
a		Auditiver Typ
b		Visueller Typ
c		Haptischer Typ

Tipps für den visuellen Lerntyp

Nutzen Sie schriftliche Informationen zum Lernen:

- Schreiben Sie bei Vorträgen mit.
- Schaffen Sie sich eine visuelle Grundlage für das Lernen.
- Schreiben Sie sich aus Texten Stichwörter heraus.
- Versuchen Sie die Stichwörter mit Hilfe der Mnemotechnik in einen Zusammenhang zu bringen.
- Schaffen Sie sich reale und / oder innere Bilder.
- Versuchen Sie die Zusammenhänge in einer Skizze festzuhalten.
- Suchen Sie sich Beispiele und Vergleiche.
- Sehen Sie sich Übersichten und Schemata genauer an.
- Falls Sie keine Übersichten finden, erstellen Sie sich selbst welche.

Tipps für den auditiven Lerntyp

Sie sind ein auditiver Lerntyp. Dann sollten Sie folgende Tipps beherzigen:

- Sprechen Sie sich Merksätze laut vor.
- Reduzieren Sie dazu den Lernstoff auf wenige Merksätze.
- Nehmen Sie sich Lernstoff auf Kassette auf und hören Sie ihn sich an.
- Nehmen Sie Ihren Walkman und gehen Sie spazieren, hören Sie Kassetten beim Autofahren oder in der Bahn.
- Lassen Sie sich Dinge erklären.
- Vielleicht können Sie auch anderen den Lernstoff vortragen.
- Schaffen Sie sich einen ruhigen Lernplatz.
- Lärm hindert Sie beim Lernen und lenkt Sie zu sehr ab.

Tipps für den haptischen Lerntyp

Als Haptiker haben Sie es etwas schwerer, allerdings nur bei theoretischem Lernstoff. Bei praktischen Dingen haben Sie hingegen deutliche Vorteile. Hier ein paar Tipps:

- Verbinden Sie Lernen mit Bewegung.
- Machen Sie einen Spaziergang und nehmen Sie Ihren Lernstoff mit. Gehen Sie im Zimmer auf und ab.
- Arbeiten Sie mit Karteikarten.
- Schreiben, ablegen, sortieren, solche Tätigkeiten helfen Ihnen beim Lernen.

Auch wenn Sie ein ausgeprägter visueller oder auditiver Lerntyp sind: Vergessen Sie nicht, dass Sie am besten auf unterschiedliche Weise lernen sollten. Je mehr Sinne Sie nutzen, je mehr Methoden Sie verwenden, desto besser ist am Ende die Behaltensleistung – und mehr Spaß am Lernen haben Sie ohnehin.

Es gibt bei den drei Lerntypen Menschen, die eine sehr starke Präferenz auf einem der drei Sinne haben. Das führt dazu, dass sie besonders gut allein mit diesem Sinn lernen. Bei den visuellen Lerntypen heißen diese Menschen Eidetiker.

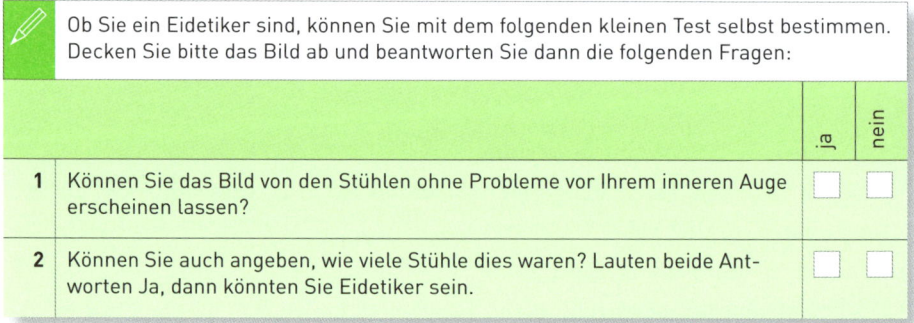

	Ob Sie ein Eidetiker sind, können Sie mit dem folgenden kleinen Test selbst bestimmen. Decken Sie bitte das Bild ab und beantworten Sie dann die folgenden Fragen:	ja	nein
1	Können Sie das Bild von den Stühlen ohne Probleme vor Ihrem inneren Auge erscheinen lassen?	☐	☐
2	Können Sie auch angeben, wie viele Stühle dies waren? Lauten beide Antworten Ja, dann könnten Sie Eidetiker sein.	☐	☐

Besonders gut lernt man natürlich, wenn man alle drei Sinne berücksichtigt, denn die unterschiedlichen Sinneseindrücke werden in unterschiedlichen Gehirnregionen gespeichert. Verankert man den Lernstoff über Hören, Sehen und Handhaben mehrfach, fällt einem der Zugang leichter.

Die Grafik zeigt: Je aktiver man sich mit dem Lernstoff auseinandersetzt, darüber spricht, sich Wichtiges notiert, den Stoff anwendet, desto besser ist der Lernerfolg.

Behaltensleisung:

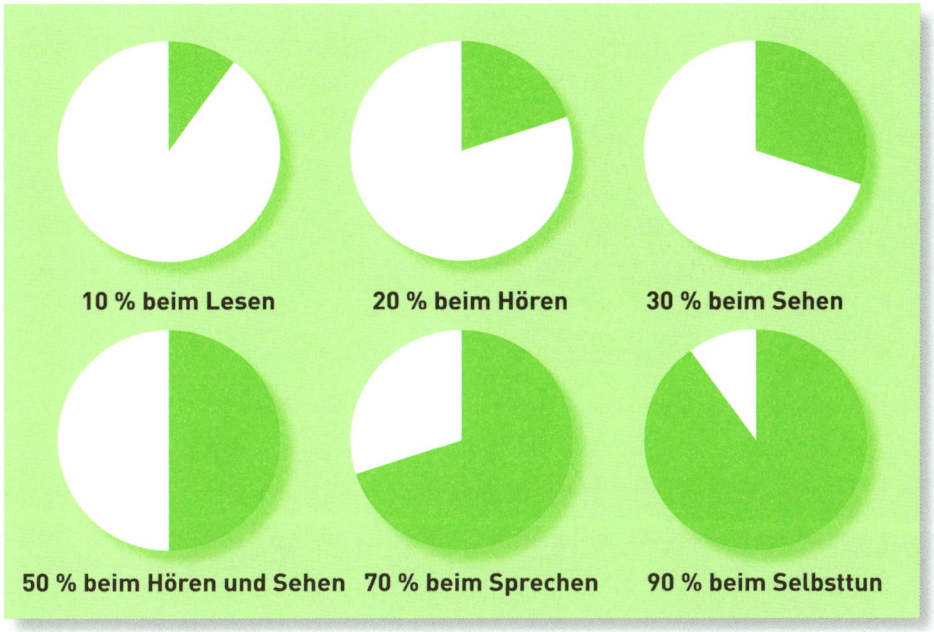

10 % beim Lesen   20 % beim Hören   30 % beim Sehen

50 % beim Hören und Sehen   70 % beim Sprechen   90 % beim Selbsttun

Setzen Sie sich aktiv mit dem Lernstoff auseinander. Nutzen Sie Auge und Ohr.

	Lernstil		

Es gibt einen zweiten Einflussfaktor beim Lernen, die Frage, welchen Lernstil Sie haben, wie Sie mit Lernstoff umgehen. Auch dies können Sie bei sich ermitteln.

		ja	nein
		0	1
1	Ich diskutiere über den Lernstoff gern mit anderen.	☐	☐
2	Ich schaffe mir immer erst einen Überblick über den Lernstoff.	☐	☐
3	Ich beschäftige mich am liebsten mit Fakten.	☐	☐
4	Mit schwierigen Inhalten beschäftige ich mich lieber alleine.	☐	☐
5	Mich interessieren auch immer die Hintergründe, wie Menschen denken und fühlen.	☐	☐
6	Ich muss beim Lernen mit Leib und Seele bei der Sache sein.	☐	☐
7	Ich diskutiere gerne Themen mit anderen.	☐	☐
8	Beim Lernen achte ich darauf, dass ich systematisch lerne.	☐	☐
9	Für mich gelten bei Entscheidungen nur sachliche Argumente.	☐	☐
10	Ich verlasse mich bei offenen Fragen gerne auf mein eigenes Urteilsvermögen.	☐	☐
11	Zu viele Detailinformationen erschweren einem das Lernen nur.	☐	☐
12	Wenn mich der Lernstoff interessiert, fällt mir das Lernen viel leichter.	☐	☐
13	Ich hole mir Rat bei anderen, wenn ich mit dem Lernen nicht weiterkomme.	☐	☐
14	Ich versuche den Dingen auf den Grund zu gehen.	☐	☐
15	Ich kann mir gut Fakten merken.	☐	☐
16	Was ich mir vornehme, schaffe ich meist auch ohne fremde Hilfe.	☐	☐
17	Beim Lernen ist der Blick auf das Ganze von besonderer Bedeutung.	☐	☐

		ja	nein
		0	1
18	Zum Lernen gehört bei mir ein wenig Fantasie.	☐	☐
19	Gemeinsam lernt es sich am besten.	☐	☐
20	Ich arbeite beim Lernen nach einem festen Plan.	☐	☐
21	Ich prüfe immer genau, ob sich das Lernen überhaupt für mich lohnt.	☐	☐
22	Wenn ich mit anderen diskutiere, weiß ich nachher oft weniger als vorher.	☐	☐
23	Ich bringe Dinge gerne im Kontext mit anderen Dingen.	☐	☐
24	Man muss auch mal spontan sein, ohne großes Nachdenken.	☐	☐

Es gibt folgende Kontrapunkte bei der Entscheidungsfindung:			
1	kommunikativ	Sie lernen lieber zusammen mit anderen oder Sie lernen lieber für sich.	individuell
2	analytisch	Sie versuchen den Dingen auf den Grund zu gehen oder Ihnen ist der Gesamtzusammenhang wichtiger.	ganzheitlich
3	rational	Sie erarbeiten sich Lernstoff systematisch oder Sie lernen am liebsten das, was Sie persönlich interessiert.	emotional

Jetzt können Sie mithilfe Ihrer Antworten Ihren Lernstil analysieren.

Kreuzen sie als Erstes alle Fragen an, bei denen Sie »ja« angekreuzt haben.					
k	**a**	**r**	**i**	**g**	**e**
1 ☐	2 ☐	3 ☐	4 ☐	5 ☐	6 ☐
7 ☐	8 ☐	9 ☐	10 ☐	11 ☐	12 ☐
13 ☐	14 ☐	15 ☐	16 ☐	17 ☐	18 ☐
19 ☐	20 ☐	21 ☐	22 ☐	23 ☐	24 ☐

Je häufiger Sie in einer Spalte eine Zahl angekreuzt haben, desto stärker ist diese Tendenz bei Ihnen ausgeprägt.					
Zahl der Kreuze					
kom-munikativ **(k)**	4	3	2	1	0
analytisch **(a)**	4	3	2	1	0
rationell **(r)**	4	3	2	1	0
individuell **(i)**	4	3	2	1	0
ganzheitlich **(g)**	4	3	2	1	0
emotional **(e)**	4	3	2	1	0
	sehr	ziemlich	etwas	kaum	gar nicht

Wo liegen Ihre Präferenzen?

• Sind Sie ein kommunikativer Typ, sollten Sie möglichst mit anderen zusammen lernen.

• Analytikern hilft oft, sich klare Strukturen zu schaffen.

• Ganzheitlich denkenden Menschen nützen Verknüpfungen zwischen Themen, die Suche nach Gemeinsamkeiten und Unterschieden.

• Emotional veranlagte Menschen lernen am liebsten das, was ihnen Spaß macht.

Das ist beim systematischen Lernen, etwa bei der Vorbereitung auf Prüfungen, aber nicht immer möglich. Suchen Sie auch bei scheinbar »langweiligen« Themen nach interessanten Aspekten.

Zusammenfassung

Bestimmen Sie Ihren Lerntyp. Nutzen Sie diese Erkenntnis, um typgerecht zu lernen.

Achten Sie aber trotzdem darauf, möglichst verschiedene Sinne beim Lernen anzusprechen und Abwechslung in den Lernalltag zu bringen.

Bestimmen Sie auch Ihren Lernstil. Entscheiden Sie danach, wie Sie an den Lernstioff herangehen.

Überlegen Sie, ob es für Sie Vorteile bringt, mit anderen zusammen zu lernen.

 Umsetzungshilfe

Was wollen Sie von den Hinweisen in diesem Kapitel umsetzen? Schreiben Sie sich bitte alle wichtigen Punkte auf. Nutzen Sie dazu die Umsetzungshilfe am Ende dieses Buches.

Auf Erfolg programmiert: Systematisch an den Stoff herangehen

Jeder Lernprozess läuft in sechs Phasen ab. Wenn Sie diese sechs Phasen kennen und beachten, lernen Sie systematischer und erreichen dadurch eine bessere Lernausbeute. Diese sechs Phasen sind:

- **Motivation**
  Machen Sie sich klar, welche Bedeutung der Lernstoff und das Lernen für Sie haben. Fragen Sie sich:
  - Wozu brauche ich das?
  - Was nützt mir das Wissen?
- **Struktur**
  Schaffen Sie sich erst einen Überblick. Dann können Sie leichter und schneller lernen. Fragen Sie sich:
  - Welche Struktur hat das Thema?
  - Was könnte wichtig sein?
- **Aufnahme**
  Nun steht das eigentliche Lernen an. Fragen Sie sich:
  - Was will ich mir merken?
  - Wie lerne ich am besten?
- **Wiederholen**
  Kein erfolgreiches Lernen ohne Wiederholungen. Planen Sie die Wiederholungen genauso systematisch wie die Aneignung des Lernstoffs:
  - Was muss ich wiederholen?
  - Wie will ich wiederholen?
- **Üben**
  Immer wenn es nicht nur darum geht, Dinge auswendig zu lernen, sind Übungen notwendig:
  - Wie kann ich das neue Wissen anwenden?
  - Welche Beispiele und Fälle helfen mir dabei?

- **Kontrolle**

Kontrollieren Sie immer auch Ihren Lernerfolg. Sonst können Sie nicht beurteilen, wie sicher Sie den Stoff abgespeichert haben, und wissen nicht, wo Ihre Lücken sind:
- Was habe ich gelernt?
- Wie gut habe ich gelernt?

Die beste Kontrolle besteht darin, das Wissen praktisch anzuwenden.

Schritt 22: Wissen erarbeiten

Lernstoff liegt meist schriftlich vor, als Buch, Skript, Artikel, Aufzeichnung. Dann müssen Sie im ersten Schritt die Texte durchsehen.

Rationell lesen

Lesen ist für die meisten Menschen etwas absolut Selbstverständliches, um das sich kaum jemand viele Gedanken macht. Sie haben viel zu lesen. Haben Sie sich schon mal Gedanken gemacht, ob Sie Ihr Lesepensum nicht schneller absolvieren können? Denn das geht tatsächlich. Ein Durchschnittsleser schafft beim Lesen 90 bis 160 Wörter pro Minute. Vielleser können bis zu 250 Wörter schaffen. Durch Training lassen sich aber 400 bis 500 Wörter erreichen, wenn nicht gar noch höhere Werte. Der amerikanische Präsident John F. Kennedy schaffte gar 1200 Wörter in der Minute. Wenn Sie zwei Stunden pro Tag lesen und es Ihnen gelingt, Ihre Lesegeschwindigkeit (nur) zu verdoppeln, haben Sie im Monat zwei Tage Lesezeit gespart.

- **Lesen Sie schnell (genug)**

Manche Menschen lesen eher langsam in der Annahme, dann mehr vom Inhalt zu verstehen. Das ist aber nicht automatisch so. Bei zu langsamem Lesen schweifen schneller die Gedanken ab, man muss vielleicht den Text ein zweites Mal lesen. Lesen Sie zu schnell, bleibt ebenfalls wenig hängen. Die Erfahrung zeigt aber, dass man merklich schneller lesen kann, ohne dass das Verständnis leidet.

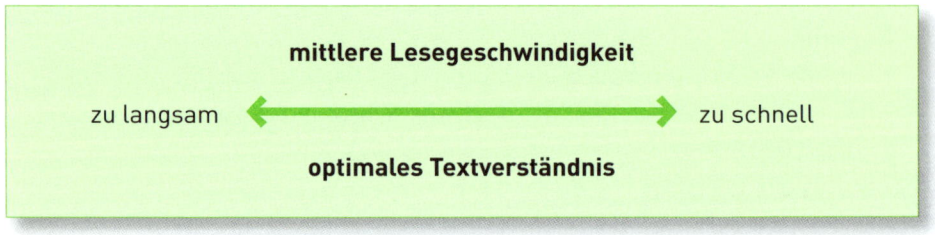

mittlere Lesegeschwindigkeit

zu langsam ⟷ zu schnell

optimales Textverständnis

Natürlich ist die richtige Lesegeschwindigkeit auch abhängig von der Schwierigkeit des Textes. Je schwieriger die Textpassage für den Leser, desto langsamer muss die Lesegeschwindigkeit sein, sonst leidet das Verständnis. Außerdem ist es oft ratsam, die Lesegeschwindigkeit und auch die Lesemethode zu variieren, je nachdem wie wichtig der Inhalt ist: Wichtige Passagen sollte man konzentriert lesen, weniger wichtige überfliegen.

- **Trainieren Sie Ihre Blickspanne**
  Die meisten Menschen könnten deutlich schneller lesen, wenn Sie eine größere Blickspanne hätten, wohlgemerkt ohne dabei die Informationen oberflächlicher aufzunehmen. Durchschnittlich hat man eine Blickspanne von ein bis zwei Zentimetern. Möglich sind aber bis zu acht Zentimeter. Dies bedeutet 50 Prozent Zeitersparnis beim Lesen.

Haben Sie eine kleine Blickspanne, müssen Sie für eine Zeile häufiger neue Wörter fixieren, um die Informationen aufnehmen. Dies kostet Zeit, für jedes neue Fixieren eine fünftel bis eine drittel Sekunde.

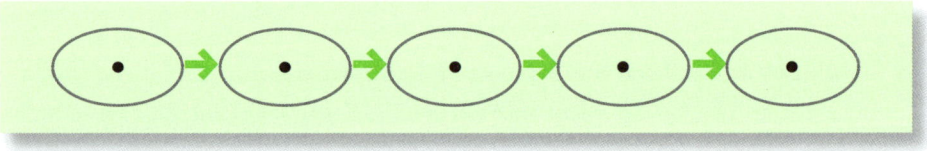

Mit einer größeren Blickspanne fixiert man weniger und nimmt dabei gleichzeitig mehr Informationen auf.

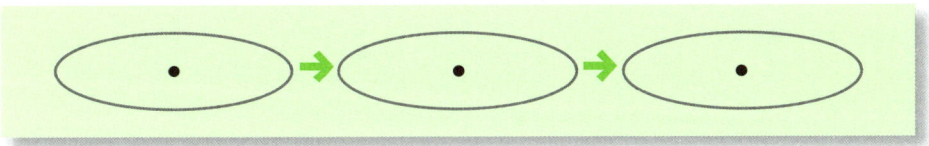

Eine Vergrößerung der Blickspanne ist eine Frage des Trainings. Jeder kann dies mit Übung erreichen. Versuchen Sie beim Lesen mehr Wörter zu erfassen. Gehen Sie möglichst viel von dem, was Sie lesen müssen, mit Ihrer neuen Lesemethode an. Je mehr Sie üben, desto besser. Das trifft natürlich nicht nur auf Lerntexte zu. Um systematisch zu üben, können Sie Texte von Ihrem Computer in Spalten anzeigen lassen und die Breite der Spalten allmählich vergrößern.

- **Sehen Sie nicht so genau hin**
  Je mehr Sie auf eine Textstelle »starren«, desto stärker fokussieren Sie Ihren Blick. Bemühen Sie sich um einen »weichen« Blick. Statt Wort für Wort mit zu erfassen, können Sie trainieren mehrere Wörter gleichzeitig mit einem Blick zu erfassen.
- **Kontrollieren Sie Ihren Erfolg**
  Ab und zu sollten Sie Ihren Erfolg kontrollieren. Das ist einfach: Sie zählen die Wörter der ersten zehn Zeilen eines Textes und teilen die Zahl durch zehn. Damit haben Sie einen relativ verlässlichen Wert für die Wortzahl pro Zeile. Dann zählen Sie die Zahl der Zeilen und multiplizieren den Wert mit der durchschnittlichen Zahl der Wörter pro Zeile.

$$\frac{\text{Wörter in den ersten 10 Zeilen}}{10} \times \text{Anzahl der Zeilen}$$

Noch einfacher geht es mithilfe eines Textverarbeitungsprogramms. Es zählt die Wörter eines Textes automatisch.

Texte durchsehen

Für die Arbeit mit Texten gibt es besondere Regeln. Wie gehen Sie bislang mit Lerntexten um? Machen Sie den Test.

Wie gehen Sie beim Lesen von Fachbüchern und -artikeln vor?	immer	meist	selten	nie
Ich versuche, mir erst einen Überblick zu verschaffen.	3 ☐	2 ☐	1 ☐	0 ☐
Ich frage mich vorab, was ich bereits über das Thema weiß.	3 ☐	2 ☐	1 ☐	0 ☐
Ich lese schwierige Texte mehrfach.	3 ☐	2 ☐	1 ☐	0 ☐
Ich versuche, schwierige Textpassagen in meine Sprache zu übersetzen.	3 ☐	2 ☐	1 ☐	0 ☐
Ich schreibe mir wichtige Stichwörter und Merksätze raus.	3 ☐	2 ☐	1 ☐	0 ☐
Ich mache mir Skizzen und Übersichten zum Inhalt.	3 ☐	2 ☐	1 ☐	0 ☐
Ich erstelle Zusammenfassungen.	3 ☐	2 ☐	1 ☐	0 ☐
Ich arbeite mit Textmarkern.	3 ☐	2 ☐	1 ☐	0 ☐

Auswertung:	
Bis 5 Punkte	Sie sollten lernen, effizienter zu lesen und zu lernen.
6-10 Punkte	Es gibt noch eine ganze Reihe von Möglichkeiten für Sie, effizienter mit Texten umzugehen.
11-16 Punkte	Ihr Leseverhalten lässt sich noch verbessern.
Über 17 Punkte	Sie wissen, worauf es ankommt.

Denken Sie daran:

Sie müssen nicht alles lesen, und das, was Sie lesen, müssen Sie nicht Wort für Wort lesen.

In diesem Satz stecken zwei wichtige Regeln, mit denen Sie Zeit sparen können:
Regel 1: Prüfen Sie, ob Sie den Text überhaupt lesen müssen
Sie wissen, was Sie lernen wollen. Dann wissen Sie auch, welche Texte für Sie wichtig sind. Sortieren Sie alle Texte aus, die
- zu wenig wichtige Informationen für Sie bieten oder die
- redundant sind, die Ihnen also die gleichen Informationen bieten wie andere Texte.

Bei allen anderen Texten versuchen Sie hier zunächst, sich einen Überblick zu verschaffen. Konzentrieren Sie sich dabei auf die sieben wichtigen Schlüssel zur Information. Diese Schlüssel geben Ihnen Hinweise, ob der Text Informationen enthält, mit denen Sie sich beschäftigen sollten.

Sieben Schlüssel zur Information:
1. Inhaltsverzeichnis
2. Zusammenfassung
3. Übersichten
4. Überschriften
5. Abbildungen
6. Aufzählungen
7. Hervorhebungen im Text

Blättern Sie durch den Text und konzentrieren Sie sich auf markante Punkte, an denen Ihr Auge hängen bleibt – zum Beispiel Hervorhebungen oder Überschriften. Lesen Sie nur diese markanten Punkte und überprüfen Sie, ob es sich tatsächlich um Schlüssel zur Information handelt. Sollten Sie in einem Text beim Überfliegen keine Schlüssel zur Information finden, lesen Sie zunächst die ersten und die letzten Absätze durch. Die Kernaussagen eines Textes finden sich häufig direkt zu Beginn und werden am Ende oft noch einmal zusammengefasst.

Regel 2: Entscheiden Sie, wie intensiv Sie den Text lesen wollen

Wenn Ihnen ein Dokument wichtig erscheint, müssen Sie entscheiden, wie intensiv Sie den Text lesen wollen: Querlesen oder Durcharbeiten? Damit ist meist auch die Entscheidung verbunden, ob Sie sich den Text sofort oder erst später ansehen wollen. Sollten Sie sich für einen späteren Zeitpunkt entscheiden, legen Sie den Text bitte gleich in die entsprechende Ablage – damit Sie erst gar nicht auf die Idee kommen, den Text anzulesen.

Beim Querlesen geht es darum, die Kerninformationen eines Textes möglichst schnell zu filtern und aufzunehmen. Dabei helfen Ihnen die folgenden vier Regeln:

Vier Regeln für das richtige Querlesen:
1. Überspringen Sie weniger wichtige Sätze
2. Lassen Sie Beispiele aus
3. Ignorieren Sie Fußnoten
4. Übergehen Sie Absätze mit kleinerer Schrift

Für das Querlesen gibt es zwei Methoden – die Slalomtechnik und die Insel-Technik. Der Trick bei beiden Techniken: In jedem Text gibt es nur eine bestimmte Zahl wichtiger Wörter, in denen sich der Kern der Aussage versteckt. Es geht für Sie darum, diese Kernwörter mit möglichst wenig Aufwand zu erfassen.

- **Bei der Slalomtechnik gehen Sie die Seite von oben links nach unten rechts in einer Schlangenlinie durch.**
- **Bei der Insel-Technik konzentrieren Sie sich nur auf auffällige Stellen auf einer Seite.**

Optimale Ergebnisse beim Querlesen erhalten Sie durch eine Kombination der beiden Techniken. Lesen Sie von oben links nach unten rechts in Schlangenlinien besonders markante Stellen auf einer Seite.

Lutat la feugiet num vel dolore dolum ipsum inim ilis dipsum
iusto odiametum et wis aliquat. Ut nos et amet del dionull aoreet,
commy num vel iliscincipit illandreet, commy num do ent luptat.
Irit lut nos nit delit dit endipit ex erci blaor iriure modolutat.
Dui bla faccums andrem iliquam, commy nu
velit, commy nonse mincinim quat venisciniam   dit
num quipit ip eum ipit endre consenibh el dolor alis olor si enim
er in eu facil ent nisit verostrud te dipisim aliquam vero et, vulla
consequ amconsequat, sed tem nulla atisl iurem digna facil ullaore
min quisit lore tat. Cum init autpat.
C   erostincil dolore dolore magnit nulla cor adi-
gna facilquat. Ut prat.
Acin veliquam nulla feugiam, sequat do delisi.
El inim euis nis nullamcore eum veliquat. Iduisim dolor ing ero
digna ametue ea cor augiamc erperci duipisim duisi.
Duis ad min ercidunt in er ad tem et, qui tem dolore tio commy
nulput ad tem dunt lore facinci tate vulput lum quat velessit ad do
od dunt aliquamcommy nit duipit incidunt do digna con vel ipit
velis alit lum vullam ilis nullandre ex ero ea feu   t
lortio odit, vent acipsus ciniamc orerci blandign   la
am, quatio del

Regel 3: Suchen Sie nach Sinnabschnitten

Gliedern Sie den Text in Sinnabschnitte. Immer wenn der Autor einen neuen Gedanken einbringt, markieren Sie das Ende des Sinnabschnittes und suchen vielleicht
schon mal ein Stichwort, eine Art Überschrift. Der Autor hilft Ihnen dabei. Oft
fällt das Ende eines Gedankenganges mit dem eines Absatzes zusammen, oft steckt
der Kern der Aussage im ersten Satz, vielleicht hat der Autor auch eine Zwischen-
überschrift eingefügt.

Regel 4: Arbeiten Sie mit dem Text

Beim Arbeiten mit Texten haben Sie zwei Möglichkeiten:

1. Unterstreichen Sie wichtige Stellen
2. Schreiben Sie Notizen an den Rand

Allerdings ist hier weniger oft mehr. Je mehr Sie anstreichen, je mehr Sie herausschreiben, desto mehr Arbeit haben Sie und desto unübersichtlicher wird die Sache. Beschränken Sie sich deshalb. Ob Sie richtig anstreichen und richtig exzerpieren, können Sie selbst überprüfen. Anhand der Stichwörter müssen Sie den Text mit seinen wichtigsten Aussagen rekonstruieren können. Schaffen Sie sich ein System. Hier ein Beispiel:

Zeichen		Kommentare		Hervorhebung im Text	
!	Wichtige Info	**Def**	Definition	**unterstreichen**	Wichtiger Begriff
?	Fragwürdige Aussage	**T**	These	**unterschlängeln**	überprüfen
[ ]	Überflüssige Info	**B**	Begründung	**»markern«**	Merksatz
&	Verknüpfung	**Bsp**	Beispiel		

Überlegen Sie, ob Sie mit Markern arbeiten wollen. Zu viele farbige Hervorhebungen können den Lesefluss stören. Vielleicht sind kleine Klebezettel die bessere Alternative.

Regel 5: Schreiben Sie sich Wichtiges heraus

Sie können sich zum Text Stichwörter aufschreiben, Fragen notieren oder zentrale Punkte herausschreiben. Was Sie exzerpieren, hängt von Ihrem Interesse ab:

- **Wollen Sie nur die Meinung des Autors zu einem bestimmten Punkt festhalten und mit den Meinungen anderer Autoren vergleichen?**

• **Wollen Sie den gesamten Text für sich erarbeiten?**

Im ersten Fall suchen Sie im Inhaltsverzeichnis, im Stichwortverzeichnis, in den einzelnen Kapiteln gezielt nach Informationen, im zweiten Fall gehen Sie den ganzen Text durch, um alle wichtigen Informationen herauszufiltern.

Nehmen Sie dabei das »Arbeiten« ruhig wörtlich. Je intensiver Sie sich mit einem Dokument beschäftigen, desto mehr behalten Sie vom Inhalt.

Eine gute Hilfe ist dabei ein Formblatt, in dem Sie Ihre Gedanken strukturiert niederlegen. Am besten erstellen Sie sich für jede Sinneinheit solch ein kurzes Exzerpt. In den Kopf gehören die Angaben zum Thema, zur Lerneinheit und die Nummer der Seite. Darunter schreiben Sie Ihre Gedanken auf. Die Gliederungspunkte schreiben Sie gleich in die linke Spalte davor. In der rechten Spalte stehen Stichwörter, die für die zentralen Aussagen des Textes stehen. Diese Stichwörter dienen dann der Wiederholung. Weiterführende Fragen und Beispiele stehen am unteren Rand.

Das Formblatt bildet dann die Grundlage für das weitere Lernen. Auf den Originaltext brauchen Sie dann (hoffentlich) nicht mehr zurückzugreifen.

Thema	Lerneinheit	Seite
Gliederung	Exzept	Zusammenfassung
Weiterführende Gedanken, Beispiele		

Gliedern Sie die Informationen. Was sind Fakten und Argumente, was sind Begründungen, was ist Hintergrundwissen, was Ergebnisse von Untersuchungen und Praxiserfahrungen. Finden Sie nur Thesen, aber keine Begründungen oder Beispiele, versuchen Sie diese selbst zu finden.

Schritt 23: Strukturen schaffen

Jetzt heißt es, alles Wichtige aus den Texten in eine komprimierte Form zu bringen, mit der Sie gut lernen und wiederholen können. Am besten geeignet ist dazu eine strukturierte, bildliche Darstellung. Sie hat gleich mehrere Vorteile:

- Sie müssen sich intensiv mit dem Stoff auseinandersetzen, um eine solche Darstellung zu entwerfen.
- Sie prägt sich gut ein.
- Die Struktur ist mit einem Blick zu erfassen.

Fast jeder Zusammenhang lässt sich auch als Grafik darstellen. Das einzige Problem könnte die Überfrachtung sein. Manchmal sind es lediglich einzelne Sätze, die sich gut visualisieren lassen.

Zum Unterricht gehören sieben Faktoren:
Der Dozent, die Teilnehmer, die Zeit, die Ziele und die Inhalte, die Methoden und die Medien.

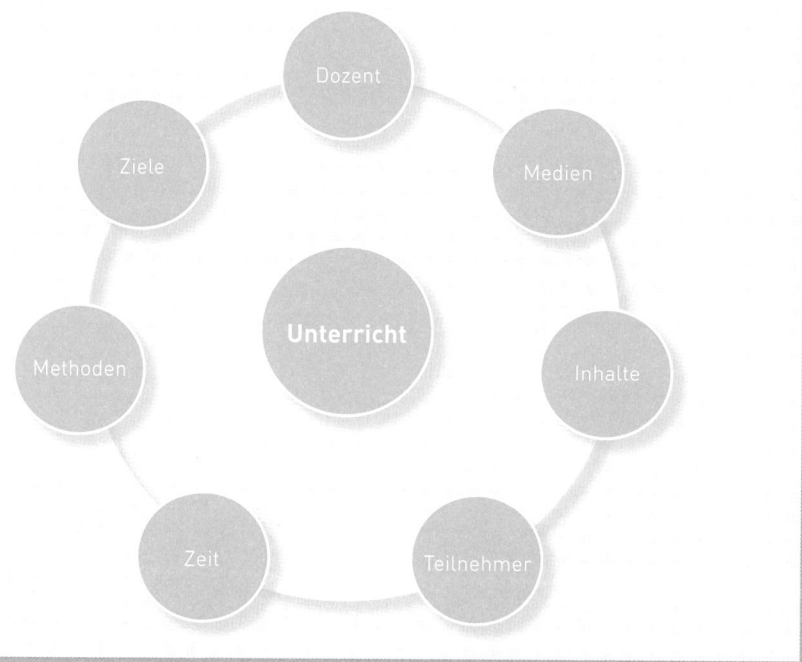

Manchmal ist es aber auch ein ganzer Textabschnitt, der zugrunde liegt.

Wenn Erwachsene an Seminaren teilnehmen und Neues lernen, stellen sie sich immer zwei Fragen:

1. Frage: »Ist der Lerninhalt für mich wichtig?« Lautet die Antwort »nein«, brechen sie meist den Lernprozess ab.

2. Frage: »Ist die Aufgabe für mich nicht zu schwer?« Auch hier werden sie abbrechen, wenn sie keine positive Antwort finden.

Erst wenn sie auf beide Fragen mit »Ja« antworten, sind sie bereit zu lernen.

Suchen Sie die zentralen Begriffe aus dem Text heraus.

Zentrale Begriffe sind die Schlüsselwörter, die die Aussage tragen.

 Suchen Sie aus dem folgenden Beispieltext die Schlüsselwörter heraus. Schreiben Sie diese auf.

Neben dem Großhirn verfügen wir über ein **Kleinhirn**. Es besteht ebenfalls aus zwei Hälften. Das Kleinhirn ist unter anderem für Gleichgewicht und für die Koordination von Bewegungen zuständig. Nach neueren Forschungen scheint das Kleinhirn auch für unbewusste Lernprozesse zuständig zu sein. Vor allem für Vorgänge, die erst gelernt werden, dann automatisiert ablaufen. Anders geht es auch nicht: Würden Sie bei jeder Treppenstufe überlegen, wie Sie sie am besten heruntersteigen, würden Sie wahrscheinlich stolpern, würden Sie erst einmal überlegen, was passiert, wenn wie jetzt der Wagen vor Ihnen scharf bremst, wären Sie ihm wahrscheinlich längst aufgefahren.

Regulieren und Steuern

Dritter Bestandteil ist das **Zwischenhirn**. Es regelt den Schlafrhythmus, die Körpertemperatur und das Empfinden von Schmerzen. Im oberen Teil, **Thalamus** genannt, laufen die Informationen zusammen, die über die Sinnesorgane aufgenommen werden. Der **Hypothalamus** steuert zahlreiche körperliche, aber auch psychische Vorgänge. Gefühle wie Furcht, Freude, Enttäuschung entstehen hier.

Viele Funktionen laufen hierbei automatisch ab. Lebenswichtige Funktionen wie das Herz, die Atmung, aber auch die Nahrungsaufnahme, die Vorgänge in Magen und Darm, das Ausscheiden und die Fortpflanzung steuert das Zwischenhirn. Auch der Energienachschub für das Gehirn wird von den Nervenzellen übernommen.

Der älteste Teil des Gehirns ist das **Stammhirn**. Es ist zuständig für die Verarbeitung von Sinneseindrücken, für die Motorik und für Reflexe.

1	
2	
3	
4	
5	

Noch ein Tipp: Beschränken Sie sich auf maximal sieben Schlüsselbegriffe, sonst wird die Grafik zu unübersichtlich und meist auch die Schrift zu klein.

Stellen Sie einen Zusammenhang zwischen diesen Schlüsselbegriffen her.

Jetzt gilt es, die Zusammenhänge zwischen den Begriffen herzustellen und dabei die passende grafische Form der Darstellung zu finden.

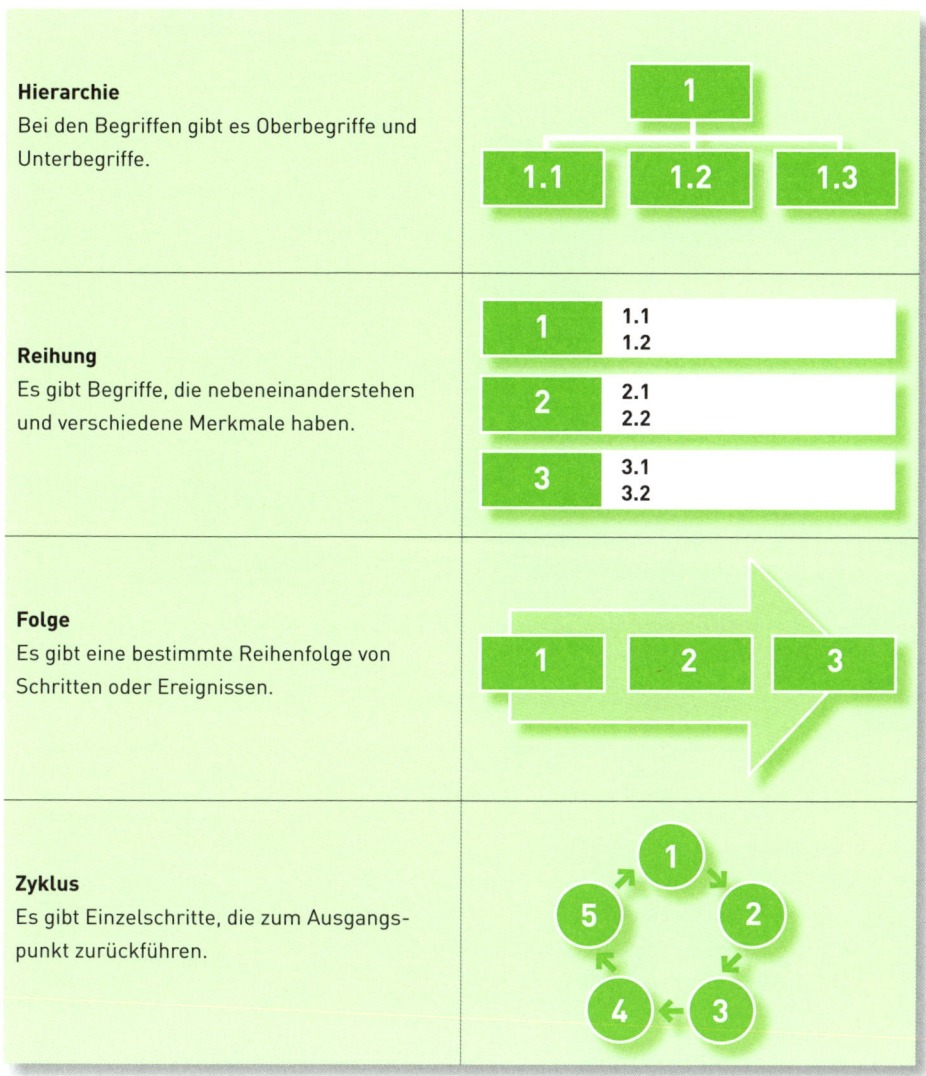

Hierarchie
Bei den Begriffen gibt es Oberbegriffe und Unterbegriffe.

Reihung
Es gibt Begriffe, die nebeneinanderstehen und verschiedene Merkmale haben.

Folge
Es gibt eine bestimmte Reihenfolge von Schritten oder Ereignissen.

Zyklus
Es gibt Einzelschritte, die zum Ausgangspunkt zurückführen.

Bewertung

Mit dieser Form werden Dinge gegenüber-
gestellt.

Von jeder dieser Formen gibt es verschiedene Varianten. Die Kunst ist, die rich-
tige Form zu finden. Wenn keine der dargestellten Formen passt, helfen grafische
Formen, die unspezifische Zusammenhänge aufzeigen, wie in den folgenden zwei
Beispielen.

 Bitte nehmen Sie sich jetzt Ihre Schlüsselwörter zu dem Beispiel S.111 vor:

Wenn Erwachsene an Seminaren teilnehmen und Neues lernen, stellen sie sich immer zwei
Fragen:
1. Frage: »Ist der Lerninhalt für mich wichtig?« Lautet die Antwort »nein«, brechen sie meist
den Lernprozess ab.
2. Frage: »Ist die Aufgabe für mich nicht zu schwer?« Auch hier werden sie abbrechen, wenn
sie keine positive Antwort finden.
Erst wenn sie auf beide Fragen mit »Ja« antworten, sind sie bereit zu lernen.

Suchen Sie die richtige grafische Grundform heraus und entwickeln daraus ein
Schaubild.

Die beste Form der Visualisierung ist bei unserem Beispiel wohl ein Ablaufdia-gramm, eine Sonderform der Folge.

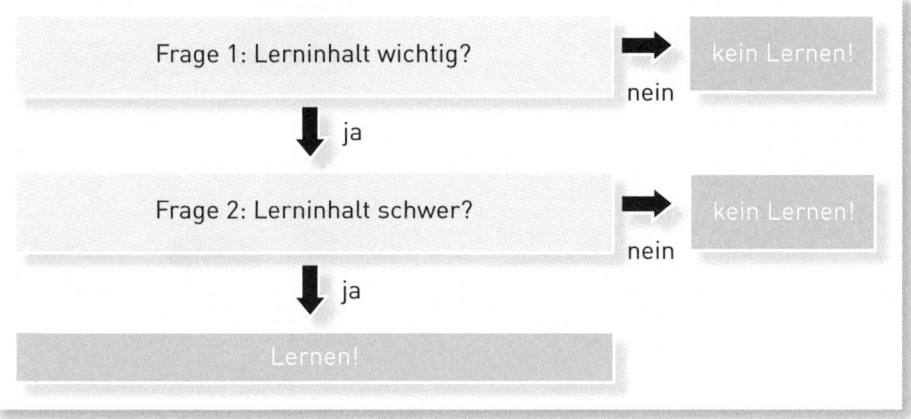

Hier noch einige Hinweise zum Erstellen von Schaubildern:

Schaubilder erstellen	
Als Grundlage dienen immer einzelne Ele-mente, meist zentrale Begriffe, in Ausnah-mefällen auch Sätze.	
Die einzelnen Elemente stehen im Kontext. Sie gehören zu einer Gruppe, sie sind gleich-gestellt, über- und untergeordnet.	

Diese Beziehung können Sie neben räumlicher Nähe auch durch Einrahmungen und Farbgebung verdeutlichen.

Zwischen den einzelnen Elementen bestehen Beziehungen. Diese Beziehungen werden durch Verbindungslinien, Pfeile u.a. symbolisiert.

Die Beziehungen können sich als Verbindungen oder als Folgen darstellen. Es sind aber auch komplexe Beziehungen zwischen verschiedenen Elementen möglich.

Durch die Größe der Kästchen und die Stärke der Striche können Sie Gewichtungen vornehmen.

Zur Strukturierung können Sie natürlich auch Mind Mapping nutzen.

Legen Sie die Überschrift fest.

Die Überschrift hilft Ihnen, sich zu orientieren: Was ist das für ein Lernstoff? Sie könnte in unserem Beispiel heißen: **Bedingungen für Lernen.**

Noch ein Tipp: Erstellen Sie sich Plakate mit den wichtigsten Zusammenhängen.

Die Plakate hängen Sie in Ihrem Arbeitszimmer auf. Dann lernen Sie sozusagen im Vorbeigehen. Erfahrungsgemäß können Sie die Plakate dann nach vier Wochen austauschen, das Wissen ist dann im Gedächtnis ausreichend verankert.

Mit der SQ3R-Methode arbeiten

Um Wissen in Texten systematisch zu erarbeiten, gibt es eine bewährte Methode, die Sie ebenfalls gut nutzen können: die SQ3R-Methode:

Survey	– Überblick gewinnen,
Question	– Fragen an den Text stellen,
Read	– Text lesen (intensiv durcharbeiten),
Review	– Wichtiges rausschreiben und eigene Gedanken dazu entwickeln,
Recite	– wiederholen

1. Überblick gewinnen

   Verschaffen Sie sich als Erstes einen Überblick. Suchen Sie nach Informationen zur Struktur des Textes, schätzen Sie den Nutzen ein:

   • Worum geht es im Einzelnen? Was steht im Inhaltsverzeichnis?
   • Was steht im Vorwort?
   • Welche Symbole etc. finden sich im Text? Was bedeuten sie?
   • Wie sind die Kapitel aufgebaut?

   Durch eine gute Übersicht fällt Ihnen die Strukturierung des Stoffs leichter.

2. Fragen stellen

Überfliegen Sie den Text. Schreiben Sie sich Fragen zum Text auf. Was wissen Sie bereits über das Thema?

- In welchen Zusammenhang haben Sie sich bereits mit dem Thema beschäftigt?
- Was ist Ihnen in Erinnerung geblieben?
- Wie lässt sich das Thema einordnen?
- Wie heißen die Oberbegriffe?
- Zu welchen ähnlichen Themen haben Sie Vorerfahrungen?

Durch diesen zweiten Schritt aktivieren Sie Ihr Vorwissen und schaffen so bereits Anknüpfungspunkte.

3. Text durcharbeiten

Jetzt ist der Text dran. Arbeiten Sie ihn durch. Durcharbeiten ist viel mehr als lesen oder gar überfliegen. Durcharbeiten bedeutet:

- Text langsam und aufmerksam durchlesen,
- unbekannte Begriffe nachschlagen,
- wichtige Wörter und Abschnitte markieren,
- Stichwörter und Querverweise an den Rand schreiben,
- eigene Kommentare hinzufügen,
- Zusammenhänge und Strukturen skizzieren,
- bei Unklarheiten zurückblättern.

Durch die intensive Auseinandersetzung mit dem Text ist die Behaltensleistung höher.

4. Eigene Gedanken und Strukturen entwickeln

Beim diesem Schritt sollten Sie die wichtigsten Inhalte, Begriffe und Zusammenhänge zusammenfassen, besser schriftlich als mündlich, weil Sie dazu in Ihrer eigenen Zusammenfassung beliebig oft nachlesen können. Die Zusammenfassung kann wieder in Worten erfolgen oder – besser – in Form eines Struktur-schemas. Es ist wichtig, dass Sie den Text in seinen Grundgedanken wiederholen können.

5. Wiederholen

Zum Abschuss kommt ein fünfter Schritt hinzu, das Nacherzählen. Sie sollten dann versuchen, alles Wesentliche mit eigenen Worten wiederzugeben, inklusive Ihrer kritischen Anmerkungen und den Querverweisen.

Suchen Sie aus dem folgenden Beispieltext die Schlüsselwörter heraus. Schreiben Sie diese auf.

Anwendung der SQ3R-Methode

Wenden Sie die SQ3R-Methode bei folgendem Text an.

Lernen ist für jeden Menschen Alltag. Denn jeder ist in seinem Leben immer wieder neuen Lernsituationen ausgesetzt. Er muss sich immer wieder auf andere Anforderungen, auf neue Menschen und neue Umstände einstellen, sich in eine neue Umwelt einfinden. Von neuen Computerprogrammen über neue Arbeitsverfahren bis zur Verbesserung der eigenen Fremdsprachenkenntnisse, häufig steht man vor neuen Lernanforderungen. All dies ist nur möglich, weil der Mensch sehr anpassungsfähig, genauer gesagt lernfähig ist. Lernen ist deshalb eine Grundvoraussetzung für Erfolg im Leben. Von der Geburt bis ins hohe Alter.

Doch manchmal fällt einem lernen schwer. Besonders wenn man lernen soll oder lernen muss. Man hat keine Lust mehr, sich immer wieder mit anderen Themen auseinanderzusetzen. Man findet keinen Zugang zum Stoff. Man hat Schwierigkeiten mit dem Lernen selbst. Viele Schwierigkeiten haben einfache Ursachen: Lernende beachtet einfache Regeln effektiven Lernens nicht, sie organisieren das Lernen falsch. (Wieder) effizient zu lernen, bedeutet deshalb oft im ersten Schritt wieder richtig lernen zu lernen. Wie man am besten lernt und sich Wissen merkt, hat auch etwas mit dem eigenen Alter zu tun. Letztlich muss man seine Lern- und Arbeitstechniken seinen aktuellen Bedürfnissen und Gewohnheiten anpassen. Ein erster Schritt, seine Lernstrategien als Erwachsener zu optimieren, ist ein Blick auf das eigene Lernverhalten.

Regel 1: Schaffen Sie sich eine gute Motivationsgrundlage.
Gerade wenn der Lernaufwand hoch ist, etwa beim Erlernen von Sprachen oder Computerprogrammen, oder wenn Sie etwas lernen müssen, etwa um eine Prüfung zu bestehen, ist die eigene Motivation besonders wichtig. Denn je besser Sie motiviert sind, desto einfacher lernen Sie. Ein einfacher Trick zur Motivation: Überlegen Sie sich, wie, wo und bei wem Ihnen das Gelernte nützen kann. Je mehr Situationen Sie finden, desto besser für Ihre Motivation. Legen Sie Zwischenziele fest und belohnen Sie sich, wenn Sie die einzelnen Ziele erreicht haben.

Regel 2: Versuchen Sie sich einen Überblick zu verschaffen.
Untersuchungen zeigen, dass man besser und schneller lernt, wenn man die Struktur des Lernstoffs verstanden hat. Deshalb erst einmal den Stoff unter die Lupe nehmen, Zusammenhänge, Beziehungen, Strukturen ermitteln, vielleicht die zentralen Begriffe aufschreiben und die Zusammenhänge durch Kästen und Pfeile deutlich machen.

Suchen Sie aus dem folgenden Beispieltext die Schlüsselwörter heraus. Schreiben Sie diese auf.

Regel 3: Lassen Sie sich Zeit beim Lernen.

Erwachsene verfügen über einen reichen Schatz an Wissen und Erfahrungen. Dies hat aber auch Nachteile beim Lernen: Kommen neue Inhalte hinzu, muss der Lerner sie erst in die richtige Schublade einordnen. Das kostet Zeit. Dafür bleibt das Gelernte aber auch besser haften. Schnelles Lernen ist meist flüchtig.

Regel 4: Vermeiden Sie Auswendiglernen.

Ohne größere Probleme Stoff auswendig zu lernen, ist ein Privileg von Kindern und Jugendlichen. Erwachsene haben dies eigentlich nicht nötig und sollten es vermeiden. Denn sie haben viele Erfahrungen gesammelt und damit viele Assoziationsmöglichkeiten zur Verfügung. Zumal die Technik, Assoziationen zu schaffen, weniger Mühe macht als Auswendiglernen.

Regel 5: Bleiben Sie im Lerntraining.

Viele Erwachsene haben mehr oder weniger das systematische und organisierte Lernen selbst verlernt. Je weniger man aber im Training ist, desto größer sind die Schwierigkeiten, sich Neues anzueignen.

Wie viel haben Sie von den Inhalten verstanden? Prüfen Sie es nach.
(Mehrfachnennungen bei allen Fragen möglich)

1	Was wird im Text als typische Lernsituation angeführt?	
	Aneignung neuer Computerprogramme	☐
	Berufliche Umorientierung	☐
	Vertraut machen mit neuen Arbeitsverfahren	☐
	Verbesserung von Fremdsprachenkenntnissen	☐
2	Laut Text ist Lernen Grundvoraussetzung für	
	Erfolg im Beruf	☐
	Erfolg generell	☐
	Karriere	☐
	Erfolg im Leben	☐
3	Wann fällt Lernen (laut Text) schwer?	
	Wenn man lernen soll	☐
	Wenn man lernen muss	☐
	Wenn man keinen Zugang zum Stoff findet	☐
	Wenn man Schwierigkeiten mit dem Lernen selbst hat	☐
4	Welche Ursachen haben Lernschwierigkeiten?	
	Fehlende Konzentration	☐
	Falsche Organisation des Lernens	☐
	Nichtbeachten von Lernregeln	☐
	Zu wenig Übung und Wiederholung	☐

5 | **Wann ist Motivation (laut Text) besonders wichtig?**

Bei hohem Lernaufwand ☐

Bei komplizierten Themen ☐

Bei unfreiwilligem Lernen ☐

Beim Lernen ohne Sozialkontakt ☐

6 | **Was hilft (laut Text), um Lernstoff zu strukturieren?**

Sich Stichwörter an den Rand schreiben ☐

Beziehungen ermitteln ☐

Zentrale Begriffe aufschreiben ☐

Zusammenhänge deutlich machen ☐

7 | **Im Text steht: Schnelles Lernen**

ist meist von kurzer Dauer ☐

ist meist flüchtig ☐

verhindert die Ablage in der richtigen Schublade ☐

ist für ältere Menschen schwierig ☐

8 | **Warum sollten Erwachsene das Auswendiglernen vermeiden?**

Sie müssen den Lernstoff erst mit vorhandenem Wissen verknüpfen ☐

Sie nehmen neuen Lernstoff schlechter auf ☐

Sie können besser mit Assoziationen arbeiten ☐

Sie haben dabei größere Probleme als Kinder und Jugendliche ☐

Die richtigen Antworten auf die Fragen lauten:							
Frage	Antworten	**Frage**	Antworten	**Frage**	Antworten	**Frage**	Antworten
1	1, 2, 3	2	1	3	1, 2, 3, 4	4	1, 2
5	1, 2	6	1, 2, 3	7	1	8	1, 2

Wenn Sie die Methode richtig angewendet haben, müssten Sie die meisten Fragen richtig beantworten können.

Noch ein letzter Tipp: Gehen Sie an Lernstoff kritisch heran, machen Sie sich Ihre eigenen Gedanken.

- Wo hat der Autor den Zusammenhang nicht klar genug dargestellt?
- Welche Thesen halten Sie für fragwürdig? An welchen Stellen widerspricht sich der Autor selbst?
- Welche seiner Meinungen stehen im Widerspruch zu den Meinungen anderer Autoren?
- Welche Begründung ist nicht stichhaltig?
- Wo könnte man Daten auch anders interpretieren?
- Wie könnte man Zusammenhänge anschaulicher und eingängiger darstellen?

Eine kritische Grundhaltung kann zu Ihrer Motivation beitragen, weil Sie die Lerntexte mit anderen Augen sehen. Es kann Ihnen auch Erfolgserlebnisse bringen, wenn Sie einem Autor einen logischen Fehler oder eine schlampige Begründung nachweisen können. Es hilft Ihnen sicherlich beim Lernen, denn wer beim Lernen seine Gefühle einbezieht, lernt nachweislich besser. Und es hilft Ihnen in der Prüfung, wenn Sie Fachtexte kritisch hinterfragen können – wenn der Text nicht gerade von dem Prüfer stammt.

Schritt 24: Stoff aneignen

Sie haben sich den Lernstoff erarbeitet und ihn sich aufbereitet. Jetzt geht es ans Lernen. Für das Lernen gibt es eine einfache Formel. Sie lautet:

> **Wissen = Merkfähigkeit × Aufmerksamkeit × Zeit**

Je länger Sie sich mit dem Lernstoff beschäftigen, je mehr Sie sich darauf konzentrieren, desto besser das Lernergebnis. Hinzu kommt als Faktor, wie gut Sie sich Dinge merken können. Das hat wiederum etwas damit zu tun, wie gut Sie im Lerntraining drin sind und wie gut Sie sich mit dem Thema schon auskennen. Denn das ist die Voraussetzung, um sich leicht Assoziationen zu schaffen.

Nun ist Ihre Zeit beschränkt. Sie haben ja viel vor sich. Deshalb sollten Sie das Lernen so effizient wie möglich gestalten. Es gibt eine Reihe von Lerngesetzen, die unmittelbar Einfluss nehmen auf den Erfolg beim Lernen. Diesen Lerngesetzen unterliegen alle Menschen. Deshalb sollte man sie kennen, wenn man seine Lerntechnik verbessern will.

Bitte lernen Sie die folgenden Zahlenreihen auswendig. Sie haben dazu zwei Minuten Zeit. Nach den zwei Minuten decken Sie bitte die Zahlen ab und wiederholen Sie sie aus dem Gedächtnis.

33	38	27	40	45	34	47	52	41
54	59	48	61	66	55	68	73	60
73	78	67	80	85	74	87	92	81
94	99	88	101	106	95	108	113	102

Auch wenn Sie es versucht haben: Wahrscheinlich haben Sie es nicht geschafft, in dieser kurzen Zeit alle Zahlen zu lernen. Trösten Sie sich, das ist (fast) unmöglich. Es ging in dieser Aufgabe auch um etwas anderes: Typische Verhaltensweisen von Erwachsenen aufzuzeigen, wenn sie etwas lernen sollen.

Die meisten Erwachsenen reagieren auf solch eine schwierige und ziemlich sinnlose Lernaufgabe mit einer der folgenden Verhaltensweisen:

- Sie fangen erst gar nicht an zu lernen, weil sie den Sinn des Lernens nicht einsehen. Außerdem schätzen sie die Aufgabe mit Recht als schwer ein, zu schwer, um sie in kurzer Zeit zu lernen.
- Sie versuchen ein System zu finden, um sich das Lernen zu erleichtern.

Aus diesem typischen Verhalten von Erwachsenen lassen sich zwei Regeln für richtiges Lernen ableiten:

Regel 1: Schaffen Sie sich eine gute Motivationsgrundlage

Gerade wenn der Lernaufwand hoch ist, etwa beim Erlernen von Sprachen oder Computerprogrammen, oder wenn Sie etwas lernen müssen, etwa um eine Prüfung zu bestehen, ist die eigene Motivation besonders wichtig. Denn je besser Sie motiviert sind, desto einfacher lernen Sie. Ein einfacher Trick zur Motivation: Überlegen Sie sich, wie, wo und bei wem Ihnen das Gelernte nützen kann. Je mehr Situationen Sie finden, desto besser für Ihre Motivation. Legen Sie Zwischenziele fest und belohnen Sie sich, wenn Sie die einzelnen Ziele erreicht haben.

Wenn ich die ersten 5 Lektionen Italienisch durchgearbeitet habe, gehe ich mit Freunden italienisch essen. Wenn ich alle 50 Lektionen geschafft habe, leiste ich mir eine Städtetour nach Mailand.

Wie wichtig Motivation ist, können Sie an allen Menschen ausprobieren, die behaupten, ein schlechtes Gedächtnis zu haben. Fragen Sie nach ihrem Hobby und lassen Sie sich von diesen Menschen darüber berichten. Er wird mit vielen Details aufwarten können, etwa dass er sich vor allem für Dampfloks der Baureihen 01 2C1h2 von 1926, 05 Eh2 von 1939 und 42 Eh2 von 1944 interessiert oder sich mit den Wurftechniken O-toshi und O-guruma beschäftigt. Keine Spur von schlechtem Gedächtnis, aber ein hohes Interesse und eine entsprechende Motivation.

Regel 2: Versuchen Sie sich einen Überblick zu verschaffen

Untersuchungen zeigen, dass man besser und schneller lernt, wenn man die Struktur des Lernstoffs verstanden hat. Deshalb erst einmal den Stoff unter die Lupe nehmen, Zusammenhänge, Beziehungen, Strukturen ermitteln, vielleicht die zentralen Begriffe aufschreiben und die Zusammenhänge durch Kästen und Pfeile deutlich machen.

Regel 3: Lassen Sie sich Zeit beim Lernen

Lernausbeute

langsames Lernen

schnelles Lernen

60
50
40
30
20
10
0

Erwachsene verfügen über einen reichen Schatz an Wissen und Erfahrungen. Dies hat aber auch Nachteile beim Lernen: Kommen neue Inhalte hinzu, muss der Lerner sie erst in die richtige Schublade einordnen. Das kostet Zeit. Dafür bleibt das Gelernte aber auch besser haften. Schnelles Lernen ist meist flüchtig.
Dies belegen Untersuchungen: Je höher das geforderte Lerntempo, desto schlechter die Lernausbeute.

Regel 4: Vermeiden Sie Auswendiglernen

Ohne größere Probleme Stoff auswendig zu lernen, ist ein Privileg von Kindern und Jugendlichen. Erwachsene haben dies eigentlich nicht nötig und sollten es vermeiden. Denn sie haben viele Erfahrungen gesammelt und damit viele Assoziationsmöglichkeiten zur Verfügung. Zumal die Technik, Assoziationen zu schaffen, weniger Mühe macht als Auswendiglernen.

Regel 5: Lernen nach Plan

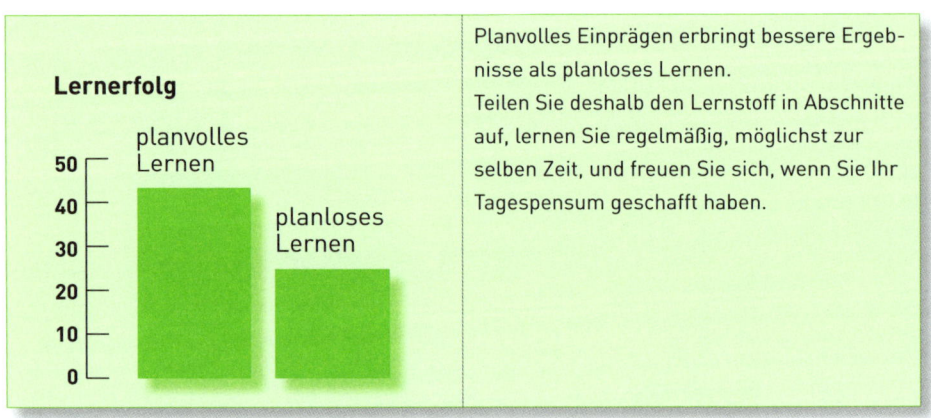

Lernerfolg

planvolles Lernen

planloses Lernen

50
40
30
20
10
0

Planvolles Einprägen erbringt bessere Ergebnisse als planloses Lernen.

Teilen Sie deshalb den Lernstoff in Abschnitte auf, lernen Sie regelmäßig, möglichst zur selben Zeit, und freuen Sie sich, wenn Sie Ihr Tagespensum geschafft haben.

Regel 6: Verteilen Sie den Lernstoff

Vermeiden Sie es, zu viel in zu kurzer Zeit lernen zu müssen. Besser ist es, früh genug anzufangen, sich einen Plan zu machen, systematisch und kontinuierlich zu lernen. Dann ist das Lernergebnis besser und wahrscheinlich der Spaß am Lernen ohne Leistungsdruck höher.

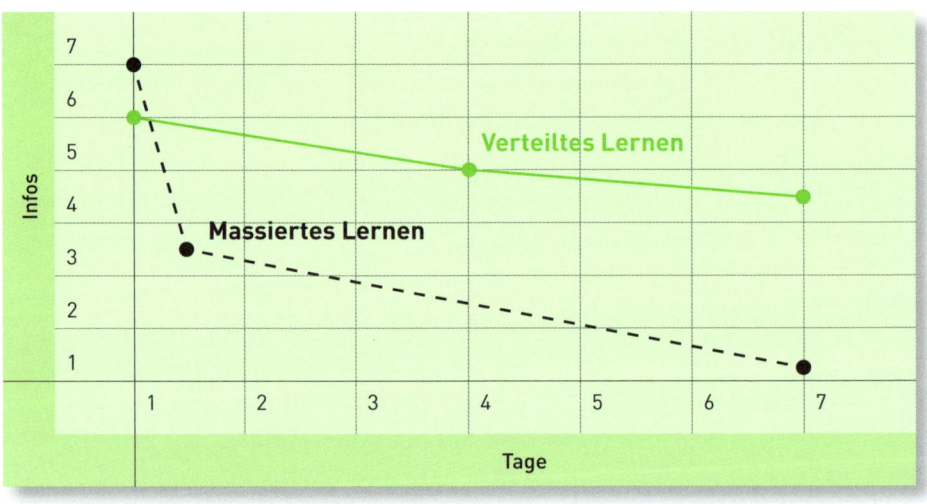

Infos

7
6
5
4
3
2
1

Verteiltes Lernen

Massiertes Lernen

1 2 3 4 5 6 7

Tage

Regel 7: Sorgen Sie für Abwechslung beim Lernen

Ähnliche Inhalte stören sich gegenseitig – das Lernen und Behalten fällt schwerer. Wenn Sie etwa Vokabeln zu verschiedenen Gebieten, aber mit ähnlichen Wörtern lernen, oder gar so ähnliche Sprachen wie Spanisch und Portugiesisch parallel, sollten Sie ausreichend lange Pausen zwischen den Lernzeiten einplanen, noch besser, sich zwischendurch mit anderen Dingen beschäftigen. Das kann anderer Lernstoff sein oder auch ein Spaziergang.

Besonders schnell kommt es zu solchen Interferenzen, wenn Sie Dinge auswendig lernen müssen.

Regel 8: Kontrollieren Sie Ihren Lernerfolg

Sie müssen damit rechnen, dass Sie Lernstoff wieder vergessen. Deshalb sollten Sie immer mal wieder überprüfen, welchen Lernstoff Sie wie gut im Gedächtnis haben. Nutzen Sie dazu Ihre Wiederholungen.

Schritt 25: Stoff im Gedächtnis verankern

Jede Sekunde kann der Mensch über 11 Millionen Einzelinformationen wahrnehmen: Formen, Farben, Töne und vieles mehr. Für die Aufnahme stehen fünf Sinne zur Verfügung: Auge, Ohr, Nase, Mund, Haut.

Die Aufnahmekapazität der einzelnen Sinne ist sehr unterschiedlich: Das Sehen ist der leistungsfähigste Sinneskanal. An zweiter Stelle steht das Hören. Riechen, Schmecken und der Tastsinn machen zusammen nicht mal so viel her wie der Hörsinn alleine. Der Unterschied liegt nicht nur in der Masse, sondern auch in der Differenzierung. Überlegen Sie einmal: Wie viele Geschmacksrichtungen oder Gerüche kann ein Laie unterscheiden, aber wie viele Formen und Farben?

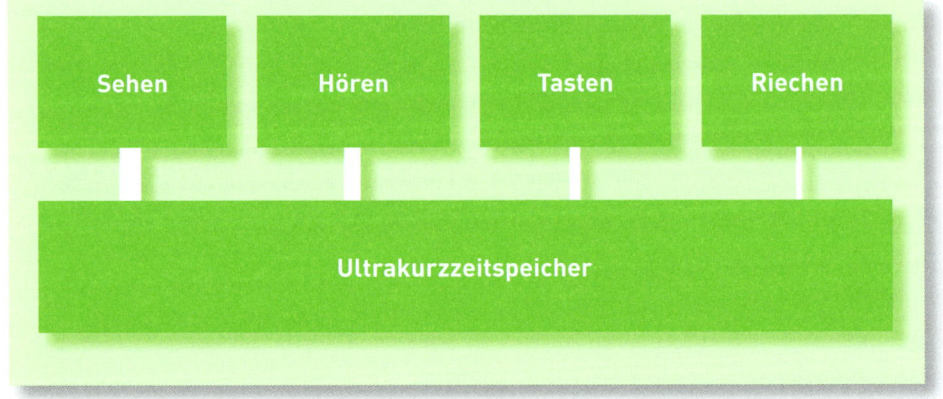

Viele Informationen kommen herein, am Ende bleiben wenig übrig. Denn die einzelne Information hat einen beschwerlichen Weg vor sich, bis sie im Gedächtnis landet, und sie steht in Konkurrenz mit anderen Informationen. Alle Sinneseindrücke kann unser Gehirn nicht dauerhaft speichern, damit wäre es überfordert. Die allermeisten Informationen bleiben auf der Strecke. Was passiert mit neuen Informationen?

Das Ultrakurzzeitgedächtnis

Die erste Station ist das Ultrakurzzeitgedächtnis, auch sensorisches Gedächtnis genannt. Die Speicherdauer beträgt einige Sekunden. Hier werden bereits die allermeisten Informationen ausgefiltert. Und zwar alle Informationen, die für Sie im Moment nicht von Interesse sind.

Stellen Sie sich vor, Sie fahren mit 150 Stundenkilometern über die Autobahn, die Landschaft saust an Ihnen vorbei. Erst wenn Sie ein Gefahrenmoment sichten, werden Sie aufmerksam.

Das Kurzzeitgedächtnis

Nächste Station: das Kurzzeitgedächtnis, Speicherdauer: einige Minuten. Diese Barriere passieren nur die Informationen, die zum Speichern geeignet sind. Die Kapazität des Kurzzeitgedächtnisses ist von Mensch zu Mensch verschieden. Um Ihre Gedächtnisspanne zu ermitteln, ein kleines Experiment:

Bitte lesen Sie die folgenden 20 Begriffe einmal durch, decken Sie dann die Begriffe mit einem Blatt ab.				
Gehirn	Draht	Mauer	Amsel	Bleistift
Nadel	Korken	Haus	Gehsteig	Uhr
Statue	Möhre	Lampe	Anzug	Wagen
Kessel	Tonhaube	Krug	Wirtschaft	Straße

Wie viele Begriffe konnten Sie sich merken?				

Die durchschnittliche Aufnahmekapazität beträgt 7 Einheiten. Bei einem schlechten Gedächtnis 5, bei einem gutem 9 Einheiten. Zur Kapazität gleich noch eine Übung.

Lesen Sie bitte die Reihe mit Silben einmal durch. Decken Sie die Reihe wieder ab.				
ato	fil	rog	sul	ima
gri	tul	bef	lor	tlu
bra	kon	ti	ki	pfan

Wie viele Silben haben Sie behalten?				

Je abstrakter der Lernstoff, desto größer werden die Schwierigkeiten, die Begriffe im Gedächtnis zu halten. Deshalb fällt es beispielsweise so schwer, eine für Europäer ungewohnte Sprache wie etwa Japanisch zu lernen.

🖉	Nun lesen Sie bitte den folgenden Satz durch und decken ihn danach ab.
1	Ohne mich einmischen zu wollen: Was dein Chef da gestern gesagt hat, ist schon ein starkes Stück.
	Können Sie den Satz richtig aufschreiben?
1	

Ziemlich problemlos lässt sich Lernstoff merken, der einen Sinn hat und im Zusammenhang steht, auch wenn es mehr als neun Informationen sind.

Dies Prinzip wird auch an der Grafik deutlich: Die sinnlose Buchstabenfolge ist deshalb schwer einzuprägen, weil kein Zusammenhang zwischen den Buchstaben besteht. Damit müssen Sie acht Einzelinformationen lernen. Bei den Wörtern sind es nur noch vier Informationen, beim Satz noch weniger.

> **P A H S H U C M**
> **Hans Zorn Auto Berg**
> **Hans fährt heute Auto**

Noch deutlicher wird der Unterschied, wenn man sich als Mitteleuropäer mit chinesischen Schriftzeichen beschäftigt. Um sich ein solches Zeichen einzuprägen, braucht man viel Zeit. Für einen Chinesen wäre dies eine Kleinigkeit.

Für das Lernen und Merken lässt sich aus dieser Erkenntnis ein wichtiges Prinzip ableiten:

Versuchen Sie einen Sinn zu finden, notfalls einen Sinn hineinzuinterpretieren.

Auch zu diesem Merksatz ein Beispiel: Die Grafik besteht aus 12 (sinnlosen) Buchstaben. Liest man die Buchstabenfolge von hinten, beginnend mit dem unteren Buchstaben, ergibt sich ein Wort, es lautet: Fuchsschwanz

A   H   S   H   U
ZN   W   C   S   C   F

Die erste Barriere ist somit die Aufnahmekapazität. Sie hängt auch davon ab, wie wach und konzentriert man im Moment ist. Über 11 Millionen Einzelinformationen pro Sekunde, das kann sich kein Mensch merken. Und das ist auch gar nicht nötig. In dem Wust an Informationen stecken nur ganz wenige, die der Mensch aufnehmen will. Wie werden diese herausgefunden?

Wissen Sie noch, was genau auf der Rückseite eines Markstücks abgebildet war? Unwahrscheinlich, denn es war für Sie bisher vermutlich nicht wichtig.

Die Aufnahme von Informationen wird gesteuert durch Ihr Interesse. Alles, was nicht von Interesse ist, wird herausgefiltert.

Kennen Sie den Partyeffekt? Im Stimmengewirr hören Sie Ihren Namen. Und schon sind Sie aufmerksam.

Kein Interesse, keine Aufmerksamkeit. Die Folge kennen Sie aus dem Alltag. Sie wissen nicht mehr, wo Sie Ihren Schlüssel, Ihr Feuerzeug, die Fernbedienung des Fernsehers hingelegt haben. Warum? Der Grund liegt darin, dass Sie sich in dem Moment nicht bewusst gemerkt haben, wo Sie den Gegenstand hingelegt haben. Wahrscheinlich waren Sie in Gedanken mit etwas anderem beschäftigt. Es fehlte die Aufmerksamkeit.

Es gibt einen zweiten Filter. Dazu ein Beispiel:

Die Prosodie, auch als Suprasegmentalia bezeichnet, kann semantisch-syntaktisch disambiguierende Funktionen übernehmen.

Haben Sie das verstanden? Wieder ist dies unwahrscheinlich, außer Sie haben Sprachwissenschaften studiert. Sie haben bisher wahrscheinlich noch nie etwas von *Suprasegmentalia* und *Prosodie* gehört. Das Verstehen und das sich Merken fällt daher sehr schwer. Ihnen fehlen die Assoziationen, Informationen im Gedächtnis, mit denen Sie diese Informationen verknüpfen können. Daraus folgt:

- **Arbeiten Sie nur, wenn Sie ausgeschlafen sind und die nötige Konzentration finden.**
- **Versuchen Sie nicht, zu viel auf einmal in Ihren Kopf zu bekommen.**
- **Versuchen Sie, dem Lernstoff interessante Seiten abzugewinnen.**
- **Versuchen Sie, Brücken zu bekanntem Wissen zu bauen.**

Je mehr Assoziationen Sie schaffen, desto besser wird der Lernstoff im Gedächtnis haften bleiben. Wenige Assoziationen sind oft das Problem beim Auswendiglernen. Man schafft nur eine singuläre Verbindung zwischen zwei Informationen. Ein typisches Beispiel ist Vokabellernen. Die Gefahr: Da das Wissen nur an zwei Punkten im Gehirn verankert ist, kann es recht schnell wieder vergessen werden.

Günstiger ist es, mehr Verknüpfungen zu schaffen. Damit steigt die Chance, einen Einstieg in die Information zu finden. Hat man zehn Assoziationen miteinander verknüpft, hat man (theoretisch) auch zehn Möglichkeiten, auf die Information zuzugreifen.

Lernformen

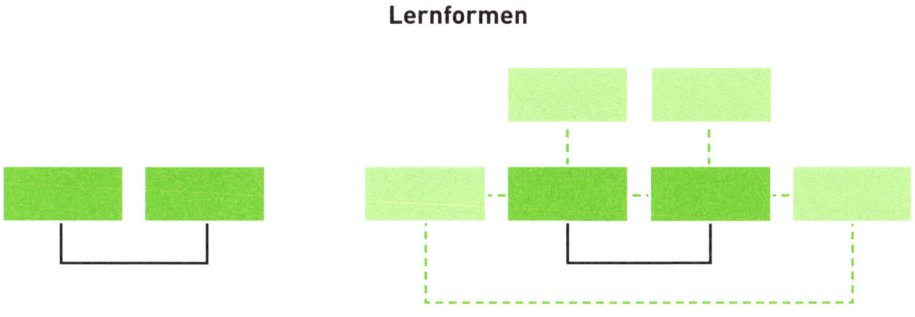

Die Speicherung von Informationen im Kurzzeitgedächtnis bedeutet für viele Menschen kein großes Problem. Das zeigt dann auch eine erste Wiederholung nach 20, 30 Minuten. Lassen Sie sich nicht täuschen. Erst nach dieser Zeit gelangen die Inhalte ins Langzeitgedächtnis. Ob Sie das neue Wissen dort richtig verankert haben und auch wieder »hervorzaubern« können, können Sie eigentlich erst am nächsten Tag überprüfen.

Speichern Sie Informationen dauerhaft im Langzeitgedächtnis

Schließlich gelangen wenige, ausgewählte Informationen in das Langzeitgedächtnis. Eine gute Nachricht: Damit können diese Informationen nie wieder vergessen werden, allerdings findet man sie manchmal nicht wieder. Wichtig ist nun die Frage, warum einige Informationen gespeichert werden und andere nicht. Es gibt dafür drei Bedingungen:

Die Informationen müssen bewusst wahrgenommen werden. Der Mensch muss ihnen seine Aufmerksamkeit zuwenden. Dieses Prinzip können Sie selbst leicht überprüfen. Horchen Sie einmal auf all die Geräusche, die Sie gerade umgeben: Stimmen, Autos, Flugzeuge, Wind, Vögel usw. Alle diese Geräusche haben Sie vorher nicht bewusst wahrgenommen. Die Aufmerksamkeit fehlte, die Informationen waren nicht wichtig genug.

Die zweite Bedingung ist das Maß der Auseinandersetzung mit der Information. Je mehr Sie sich gedanklich mit einer Information beschäftigen, desto eher wird sie Eingang ins Gedächtnis finden. Wenn Sie sich schlecht Namen merken können, kann das einen einfachen Grund haben. Vielleicht konzentrieren Sie sich nicht ausreichend genug auf die Person und deren Namen.

Die erste und zweite Bedingung stehen in enger Beziehung zum dritten Faktor, der wahrscheinlich der wichtigste überhaupt ist: die Zahl der Assoziationen. Das Gehirn kann Informationen nicht speichern, wenn es sie nicht mit bereits vorhandenen Gedächtnisinhalten verknüpfen kann. Je mehr Assoziationen vorhanden sind – oder bewusst geschaffen werden –, desto leichter gelingt die Speicherung.

Informationen sind im Gehirn nicht wahllos abgelegt, sondern es werden Beziehungen zwischen verschiedenen Informationen hergestellt – Schemata aufgebaut. Diese Schemata wiederum steuern die Aufmerksamkeit und bewerten gleichzeitig neue Informationen hinsichtlich ihrer Brauchbarkeit.

Kurz gesprochen heißt das:
- Keine Assoziationen bedeutet keine Aufmerksamkeit.
- Keine Aufmerksamkeit bedeutet keine Beschäftigung.
- Keine Beschäftigung bedeutet keine Speicherung.

 Wie werden Informationen im Gedächtnis gespeichert?

Dazu gleich eine kleine Übung: Schreiben Sie in Stichworten alles auf, was Ihnen beim Begriff **Gehirn** in den Sinn kommt.

1	
2	
3	
4	
5	
6	
7	
8	
9	
10	

Was Sie gerade gemacht haben, ist eine Assoziationsübung. Sehen wir uns diese Assoziationen genauer an:

Wenn man einen Begriff hört – wie zum Beispiel Gehirn – fällt einem ganz Unterschiedliches ein. Meist sind es andere Begriffe: Denken, Geist, Vergessen oder Gehirnhälften. Oder Zusammenhänge und Erlebnisse – etwa wenn jemand einmal eine Gehirnerschütterung hatte. Möglich sind auch Bilder – wenn man sich etwa den Unfall vergegenwärtigt, der zur Gehirnerschütterung führte, oder Gefühle – etwa der Ekel – wenn man als Kind Hirn als Gericht auf dem Mittagstisch fand. Denkbar sind Geschmackseindrücke – zum Beispiel wieder an das Mittagessen Hirn.

Neue Informationen können nur im Gedächtnis gespeichert werden, wenn sie mit bereits vorhandenen Informationen verknüpft werden.

Unser Gehirn gleicht einem riesigen Computer mit Speicherplätzen und Verbindungen zwischen diesen Speicherplätzen. Nur haben wir davon mehr als jeder Computer und können damit auch besser umgehen.

Behalten ist also – so gesehen – nichts anderes als die dauerhafte Verknüpfung neuer Informationen mit gespeicherten Informationen. Erfolgreiches Lernen bedeutet, neue Informationen so im Gehirn zu verankern, dass sie jederzeit wieder abrufbar sind.

Gedächtnisformen

Das Langzeitgedächtnis ist kein einheitliches Gedächtnis, vielmehr gibt es Spezialisierungen. Es lassen sich vier verschiedene Gedächtnisformen unterscheiden:

- Im sogenannten **prozeduralen Gedächtnis** werden Abfolgen gespeichert, wie man einen Fahrradschlauch repariert, wie man einen Computer bedient usw.
- Im **episodischen Gedächtnis** werden Erlebnisse, Eindrücke und Emotionen gespeichert. Je emotionaler diese Erlebnisse waren, je aufwühlender für einen selbst, desto mehr Spuren hinterlassen sie im Gedächtnis. Beispiel: Mit welcher

Zahnpasta Sie am Morgen des 14. April 2003 Ihre Zähne geputzt haben, haben Sie längst vergessen, Ihren ersten Kuss (hoffentlich) nicht.

- Die dritte Form ist das strukturelle Gedächtnis. Hier werden Zusammenhänge, Strukturen u.a. abgelegt.
- Der Wissensspeicher schließlich beinhaltet Ihr »Weltwissen«, beispielsweise wie die Hauptstadt der Mongolei heißt, welches Gemüse den höchsten Anteil an Eisen enthält, was Differenzialrechnung ist.

Warum ist diese Differenzierung zwischen den vier Gedächtnisformen für Sie wichtig? Sie hilft Ihnen, besser zu lernen. Versuchen Sie alle vier Gedächtnisformen zu nutzen. Verankern Sie neues Wissen möglichst in mehreren »Gedächtnissen«. Einen Stoff im Gedächtnis verankern und ihn schnell wieder abrufen zu können, sind zwei verschiedene Dinge. Deshalb gibt es die Unterscheidung zwischen aktivem und passivem Wissen.

✎	Auch diese Unterscheidung können Sie mit einem Experiment leicht selbst überprüfen. Bitte schreiben Sie alle deutschen Dichter und Schriftsteller des 18. und 19. Jahrhunderts auf, die Sie kennen.
1	
2	
3	
4	
5	
6	
7	
8	
9	
10	

Wie viele sind es geworden? Den meisten Menschen fallen maximal zwei oder drei ein.

Jetzt gehen Sie einmal die folgende Liste mit Dichtern durch. Eine ganze Reihe werden Sie kennen, viel mehr, als Sie selbst benennen konnten.

Annette von Droste-Hülshoff	Friedrich Schiller
Theodor Storm	Jean Paul
Gottfried Keller	Novalis
Konrad Ferdinand Meyer	Friedrich Hebbel
Theodor Fontane	Ludwig Tieck
Gustav Freitag	Clemens Brentano
Hoffmann von Fallersleben	Heinrich von Kleist
Gerhard Hauptmann	Wilhelm Raabe
Ludwig Ganghofer	Franz Grillparzer
Ludwig Uhland	Adalbert Stifter
Joseph Freiherr v. Eichendorff	Matthias Claudius
Gottfried Lessing	Eduard Mörike
Johann Gottfried Herder	Friedrich Hölderlin
Ernst Moritz Arndt	Ludwig Bechstein

Sie sehen, es gibt große Unterschiede zwischen passivem und aktivem Wissen. Nur wenn man Gedächtnisinhalte häufig genug benutzt, ist das Wissen im Gedächtnis auf Anhieb abrufbar.

Sie kennen Ihre Telefonnummer, vielleicht auch noch die Nummer Ihrer letzten Wohnung. Aber kennen Sie noch die Telefonnummer Ihrer Wohnungen davor?

Dies ist unwahrscheinlich, denn Sie benötigen diese Informationen ja nicht mehr. Genauso ging es Ihnen mit den deutschen Dichtern, die Sie bestimmt in Ihrer

Schulzeit kennen gelernt haben. Und genauso geht es Ihnen mit vielen anderen Inhalten Ihrer Schulzeit, mit lateinischen Vokabeln, mit chemischen Formeln. Alles im Gedächtnis halten zu wollen, erfordert schlicht zu viel Aufwand.

Bitte sehen Sie sich die folgenden Wörter 30 Sekunden lang an. Stoppen Sie die Zeit bitte mit der Uhr ab.

Baum	Möbel	Freizeit	Klamauk	Strauch
Haar	Transplantation	Brüderlichkeit	Lottogewinn	Busch
Film	Gleichheit	Gehalts-erhöhung	Pferdekoppel	Grill
Toaster	Messer	Schirm	CW-Wert	

Danach decken Sie die Wörter ab und schreiben auf, was Sie behalten haben.

Jetzt lösen Sie bitte folgende Rechenaufgabe:

$10 \times 3 - 9 + 12 : 11 =$

Decken Sie bitte die Begriffe ab. Welche Begriffe haben Sie noch im Gedächtnis?

Mit hoher Wahrscheinlichkeit haben Sie sich konkrete Begriffe besser merken können. Verwandte Begriffe haben Sie wahrscheinlich nacheinander aufgeschrieben

– also Begriffsfelder gebildet. Daraus lässt sich eine Reihe von Regeln bei der Speicherung von Informationen ableiten:

- **Konkrete Inhalte lassen sich leichter merken als abstrakte Inhalte.**
- **Verwandte Begriffe werden zusammengefasst.**

Dauerhaftes Lernen durch Auseinandersetzung

Die Zauberformel für dauerhaftes Lernen heißt deshalb »wiederholte Auseinandersetzung mit dem Stoff«. Dann wird aus Wissen aktives Wissen, auf das man jederzeit zugreifen kann. Beispielsweise kennt man eine Telefonnummer, die man häufig benutzt, irgendwann einmal auswendig, selbst wenn man sie nicht extra gelernt hat. Wörter mit hohem Aufmerksamkeitswert, sprechende Begriffe, die starke Emotionen hervorrufen, werden ebenfalls besser behalten. Wie können Sie diese Prinzipien für Ihre Lerntechnik nutzen?

Sie wollen sich merken, dass im Jahre 1912 der Seenotfunk eingeführt wurde. Solche singulären Verbindungen sind »speichertechnisch« schlecht im Gedächtnis zu halten.
Nutzen wir unsere Prinzipien.
1912 war das Jahr 2 Jahre vor Ausbruch des ersten Weltkrieges. Als erstes Schiff hat die Titanic im Frühjahr 1912 den Seenotfunk benutzt, leider ohne großen Erfolg. Bekannter als der Begriff Seenotfunk ist SOS.

Ein Umstand ist für Lernen und Merken noch wichtig: Das Langzeitgedächtnis steuert die Wahrnehmung. Das ist notwendig, weil im Ultrakurzzeitgedächtnis die Auswahl wichtiger Informationen aus der Flut der Informationen gesteuert werden muss. Sobald Sie sich einem neuen Lernstoff nähern, aktiviert das Langzeitgedächtnis alles, was es dazu an Informationen gespeichert hat, objektiver und subjektiver Art.

Sie haben negative Erfahrungen in der Schule mit dem Erlernen von Sprachen gemacht, weil Sie etwa einen schlechten Lehrer hatten, den vor allem Ihre Vokabelkenntnisse interessierten und der mit Druck und Strafen gearbeitet hat.

Dann gehen Sie an das Thema Sprachenlernen völlig anders heran als wenn Sie in der Schule andere Erfahrungen machen konnten. Überlegen Sie deshalb immer, welche Einstellung Sie zum Lernstoff haben, worauf sich die Einstellung gründet und ob es sich hier nicht um einseitige Erfahrungen und vielleicht sogar Vorurteile handelt.

- **Verankern Sie den Lernstoff sorgfältig**
  Unser Gedächtnis besteht aus vielen spezialisierten Teilen. Ein Teil ist zuständig für Sprache, ein Teil für Kreativität, eins für räumliche Vorstellung, eins für die Zeitwahrnehmung usw.

Linke und rechte Gehirnhälfte

Es gibt aber auch eine grundsätzliche Unterteilung: die Unterteilung in linke und rechte Gehirnhälfte. Die linke Gehirnhälfte ist für das Rationale, Analytische, Vernünftige, Sprachliche zuständig. Die linke Seite ist sozusagen die »erwachsene« Seite. Die rechte Gehirnhälfte repräsentiert das Kind im Menschen. Hier laufen die gefühlsbetonten, kreativen, spielerischen, subjektiven, visuellen Vorgänge ab.

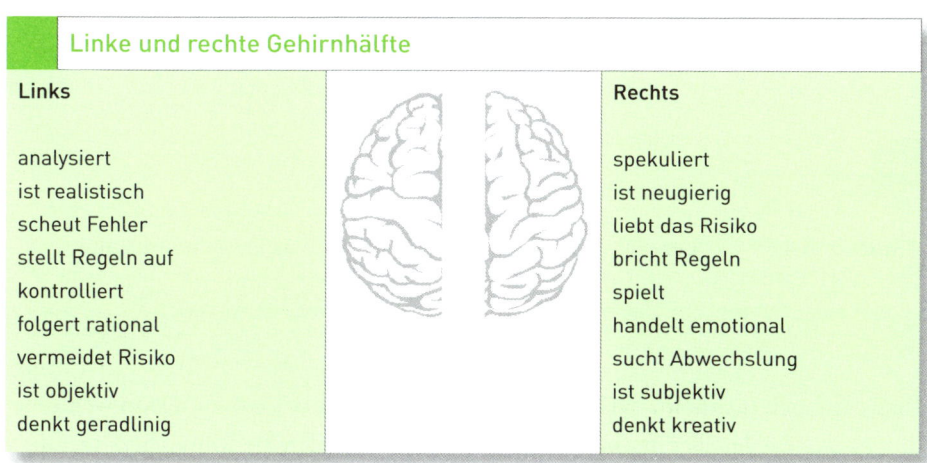

Linke und rechte Gehirnhälfte

Links	Rechts
analysiert	spekuliert
ist realistisch	ist neugierig
scheut Fehler	liebt das Risiko
stellt Regeln auf	bricht Regeln
kontrolliert	spielt
folgert rational	handelt emotional
vermeidet Risiko	sucht Abwechslung
ist objektiv	ist subjektiv
denkt geradlinig	denkt kreativ

Auch aus der Verschiedenheit der beiden Gehirnhälften lässt sich Kapital schlagen. Werden sie beim Lernen gleichzeitig angesprochen, haftet das Neuerlernte besser im Gedächtnis. Deshalb ist Pauken und stupides Auswendiglernen meist der falsche Weg.

Sprechen Sie stattdessen verschiedene Hirnbereiche an. Je mehr Verknüpfungen sie schaffen, desto besser. Ungewöhnliche Bilder und Assoziationen wirken dem Vergessen entgegen. Suchen Sie deshalb bewusst nach solchen komischen, skurrilen Assoziationen.

Bringen Sie den Lernstoff in einen möglichst ungewöhnlichen Kontext. Anders ausgedrückt: Je bunter die Information daherkommt, desto besser wird sie behalten.

Hier weitere Möglichkeiten, auch die rechte Gehirnhälfte mit einzubeziehen:
- Stellen Sie sich eine Situation vor, in der Sie den Lernstoff anwenden können.
- Bringen Sie den Stoff in eine Struktur, zeichnen Sie ein Schema.
- Nutzen Sie beim Lernen Bilder und Zeichnungen.
- Hören Sie entspannende Musik beim Lernen.

Das Grundprinzip lautet: Verankern Sie neue Lerninhalte und alles andere, was Sie sich merken wollen, dort, wo Sie ganz sichere Assoziationen aufbauen können. Nur wenn Ihnen dies gelingt, können Sie dem Vergessen ein Schnippchen schlagen. Vielleicht haben Sie auch schon die Erfahrung gemacht, dass man neue Dinge viel schneller lernen kann, wenn man bereits gute Vorkenntnisse hat.

Sie sprechen mit Italienisch und Französisch bereits zwei romanische Sprachen. Außerdem haben Sie mehrere Jahre Latein in der Schule gehabt. Dann wird es Ihnen nicht schwerfallen, auch noch Spanisch zu lernen. Andererseits: Sie wollen Türkisch lernen, haben aber keine Erfahrungen mit ähnlichen Sprachen. Dann wird der Lernaufwand höher sein.

Reden Sie sich nicht ein, dass Sie ein schlechtes Gedächtnis haben. Denn wenn Sie dies immer wieder als Entschuldigung gebrauchen, werden Sie womöglich irgendwann selbst daran glauben und dann wird Ihr Gedächtnis tatsächlich schlechter. Sie können sich alles merken, was Sie wirklich interessiert.

1. Machen Sie sich als Erstes einen Stoffplan.
Trennen Sie das Wesentliche vom Unwesentlichen, begrenzen Sie die Lernmenge.

2. Planen Sie Ihre Lernzeiten konsequent.
Lernen Sie möglichst zur gleichen Zeit jeden Tag. So gewöhnen Sie sich am besten daran.

3. Arbeiten Sie konsequent.
Schaffen Sie alle Ablenkungen fort und scheuchen Sie alle Personen weg, die Sie stören. Ihre Arbeit hat im Moment Vorrang.

4. Bauen Sie Pausen ein.
Machen Sie nach jeweils 20 Minuten eine kurze Pause, nach einer Stunde Lernzeit mindestens 15 Minuten Pause.

5. Entspannen Sie sich.
Bauen Sie Ängste und Stress ab, denn sie blockieren das Denken.

6. Wechseln Sie den Lernstoff.
Wenn Sie mit einer Aufgabe nicht weiterkommen, wenden Sie sich anderen Aufgaben zu. Oft kommt später die Lösung von alleine.

7. Richten Sie sich einen Arbeitsplatz ein.
Sie sollten dort arbeiten, wo Ihnen die Atmosphäre gefällt und Sie niemand stört.

8. Erstellen Sie sich Lernhilfen.
Legen Sie Karteikarten und Ordner an, schaffen Sie sich einen schnellen Zugriff auf wichtige Informationen.

9. Lernen Sie strukturiert.
Schreiben Sie sich das Wichtigste heraus, versuchen eine Beziehung zwischen Einzelheiten zu knüpfen.

10. Versuchen Sie bildhaft zu lernen.
Erstellen Sie Skizzen und Tabellen, versuchen Sie Ihren Lernstoff in Diagrammen und Übersichten darzustellen.

11. Wenden Sie Ihr Wissen an.

Versuchen Sie Beispiele zu finden, Vergleiche heranzuziehen. Überprüfen Sie anhand dieser Beispiele die Praxistauglichkeit des Wissens.

12. Versuchen Sie mit anderen zu lernen.

Über den Stoff reden fördert das Lernen. Deshalb ist gemeinsames Lernen oft effektiver und macht zudem meist mehr Spaß.

Schritt 26: Üben und Wiederholen

Es ist eine Illusion zu glauben, dass alles, was man einmal durchgearbeitet hat, für immer oder zumindest bis zur Anwendung im Gedächtnis haften bleibt. Auch dazu einige Ergebnisse der Lernforschung.

Die erste und wichtigste Frage: Wie schnell vergisst man Lernstoff?

Bereits nach sieben Tagen hat man über 80 Prozent des Gelernten vergessen. Daraus folgt: Wenn Sie etwas wirklich im Gedächtnis behalten wollen, müssen Sie den Stoff üben, wiederholen, anwenden. Wenn Sie beispielsweise einen Computerkurs mitmachen, nutzt er wenig, wenn Sie das Wissen nicht umsetzen.

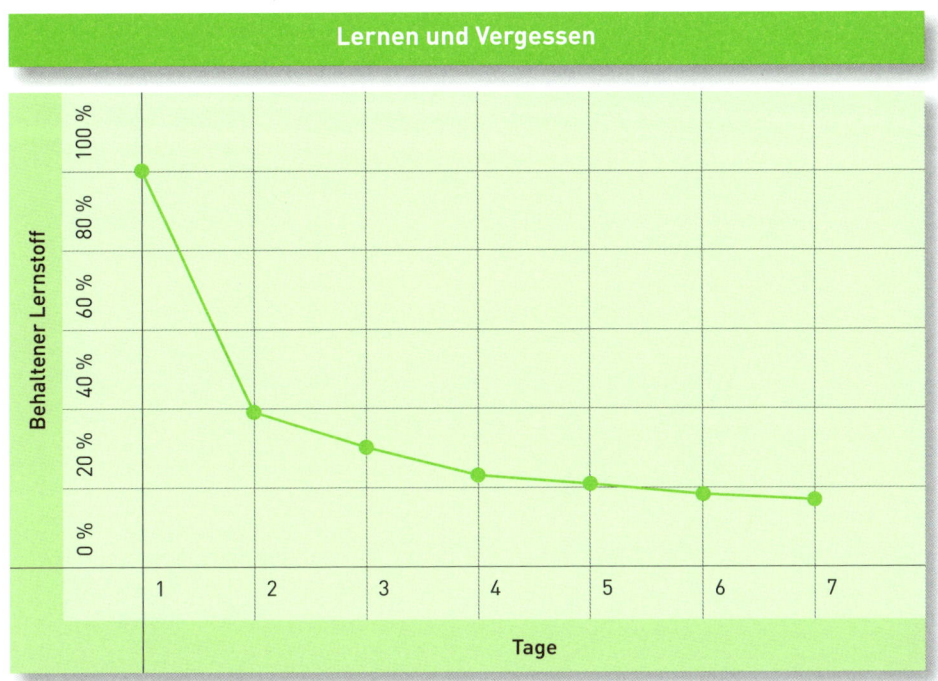

Und seien Sie nicht frustriert, wenn Sie Gelerntes wieder vergessen haben. Das ist normal und geht allen so.

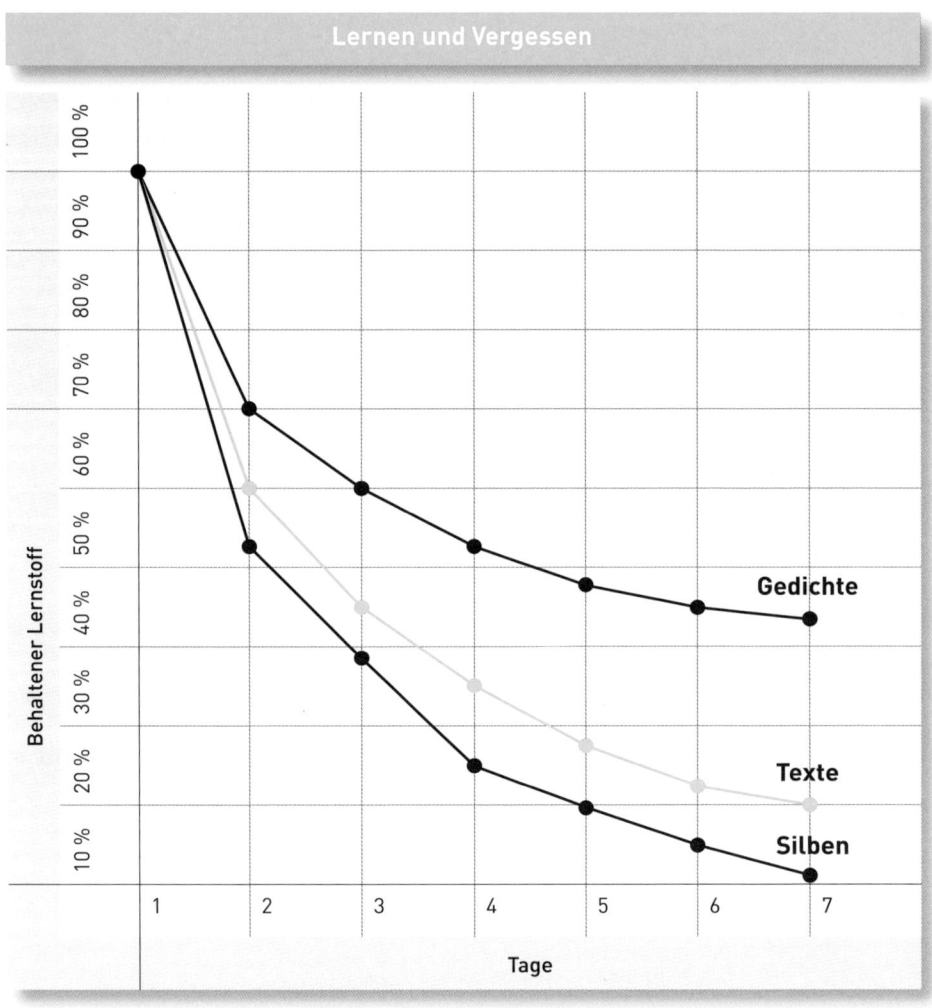

Behaltener Lernstoff

100 %
90 %
80 %
70 %
60 %
50 %
40 %
30 %
20 %
10 %

Gedichte

Texte

Silben

1   2   3   4   5   6   7

Tage

Je sinnvoller der Lernstoff, je besser Sie ihn mit vorhandenem Wissen verknüpfen können, desto besser. Es dürfte nicht überraschen, dass Texte besser behalten werden als Silben, Gedichte besser als Texte.

Wie viele Wiederholungen notwendig sind, um Lernstoff vollständig zu lernen, können Sie in einem kleinen Experiment selbst ermitteln.

Betrachten Sie bitte die folgenden kyrillischen Buchstaben 15 Sekunden lang.
Versuchen Sie, sich so viele Beziehungen wie möglich zu merken.

A = ☐	B = ☐	SH = ☐	I = ☐	M = ☐
Z = ☐	N = ☐	R = ☐	T = ☐	F = ☐

Decken Sie die Buchstaben zu. Tragen Sie die gelernten Buchstaben in die erste Spalte des nachstehenden Kontrollfeldes ein.

	Durchgang															
		1	2	3	4	5	6	7	8	9	10	11	12	13	14	15	16
Zahl der Buchstaben	1																
	2																
	3																
	4																
	5																
	6																
	7																
	8																
	9																
	10																

Jetzt sehen Sie sich die kyrillischen Buchstaben ein zweites Mal an.
Wie viele Buchstaben sind es jetzt geworden?
Führen Sie den Lernprozess so lange fort, bis Sie alle Buchstaben gelernt haben.

Ohne Wiederholung geht es nicht und eine Wiederholung reicht meist nicht aus.

Die beste Form der Wiederholung sind verteilte Wiederholungen, am besten mit zunehmendem zeitlichen Abstand. Wiederholen kann man eigentlich nicht genug. Mindestens sollten Sie aber fünfmal den Stoff wiederholen, sonst ist die Gefahr zu groß, dass Sie doch wieder einiges vergessen. Je schwieriger der Lernstoff, desto häufiger sind Wiederholungen angebracht.

Merken und Wiederholen

nach 10 Min.	1 Tag	1 Woche	1 Monat	6 Monaten

Behaltener Lernstoff

Tage

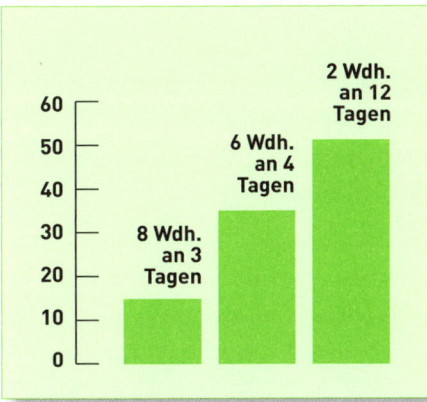

Verteilte Wiederholungen sind besser als massive Wiederholungen. Die Grafik zeigt es: Das schlechteste Ergebnis wurde bei acht Wiederholungen innerhalb von drei Tagen erreicht. Wiederholt man stattdessen zweimal in 12 Tagen, erreicht man deutlich bessere Behaltenswerte.

Wie häufig Wiederholungen notwendig sind, hat natürlich auch etwas mit dem Wissen zu tun, das Sie sich einprägen wollen.

Die Regel lautet:

Je schwieriger und abstrakter der Lernstoff, desto intensiver muss die Auseinandersetzung sein, desto mehr Wiederholungen sind notwendig.

Als Richtlinie haben sich fünf Wiederholungen bewährt:

• die erste Wiederholung nach zehn Minuten,
• die zweite Wiederholung nach 45 Minuten,
• die dritte Wiederholung nach 3 Stunden,
• die vierte Wiederholung nach drei Tagen,
• die fünfte Wiederholung nach 30 Tagen.

Kurz bevor Sie das Gelernte brauchen, etwa in der Prüfung, sollten Sie eine zusätzliche Wiederholung ansetzen.

Planen Sie mit Wochen- und Tagespensum

Nehmen Sie Lernphasen und Wiederholungsphasen in Ihren Lernplan mit auf. Planen Sie Ihr Wochenpensum im Detail möglichst am Ende der Woche für die folgende Woche. Freitags können Sie dann kontrollieren, ob Sie das Pensum geschafft haben. Das Tagespensum sollten Sie am Vorabend festlegen.

Sie haben sich vorgenommen, in Englisch verhandlungssicher zu werden, und planen für das nächste Frühjahr einen Sprachkurs in Malta. Sie wollen sich darauf vorbereiten. Dann können Sie für jede Woche und auch für jeden Tag festlegen, welche Lektionen im Lehrbuch Sie durcharbeiten wollen, welche englische Lektüre Sie bis wann lesen wollen.

Wochenplan

Nehmen Sie sich jeden Morgen oder am Vorabend fünf Minuten Zeit, das Wochenziel zu überprüfen und daraufhin die Tagesziele festzulegen.

Plan für die Woche vom		bis zum	
Lektion			

Tag	Tagespensum (Seite/Thema)	Lernen/Wiederholen
Montag		☐ Lernen ☐ Wiederholen 1x 2x 3x
		☐ Lernen ☐ Wiederholen 1x 2x 3x
		☐ Lernen ☐ Wiederholen 1x 2x 3x
		☐ Lernen ☐ Wiederholen 1x 2x 3x
Dienstag		☐ Lernen ☐ Wiederholen 1x 2x 3x
		☐ Lernen ☐ Wiederholen 1x 2x 3x
		☐ Lernen ☐ Wiederholen 1x 2x 3x
		☐ Lernen ☐ Wiederholen 1x 2x 3x
Mittwoch		☐ Lernen ☐ Wiederholen 1x 2x 3x
		☐ Lernen ☐ Wiederholen 1x 2x 3x
		☐ Lernen ☐ Wiederholen 1x 2x 3x
		☐ Lernen ☐ Wiederholen 1x 2x 3x
Donnerstag		☐ Lernen ☐ Wiederholen 1x 2x 3x
		☐ Lernen ☐ Wiederholen 1x 2x 3x
		☐ Lernen ☐ Wiederholen 1x 2x 3x
		☐ Lernen ☐ Wiederholen 1x 2x 3x
Freitag		☐ Lernen ☐ Wiederholen 1x 2x 3x
		☐ Lernen ☐ Wiederholen 1x 2x 3x
		☐ Lernen ☐ Wiederholen 1x 2x 3x

Plan für die Woche vom		bis zum	
Lektion			

Tag	Tagespensum (Seite/Thema)	Lernen/Wiederholen
		☐ Lernen ☐ Wiederholen 1x 2x 3x
Samstag		☐ Lernen ☐ Wiederholen 1x 2x 3x
		☐ Lernen ☐ Wiederholen 1x 2x 3x
		☐ Lernen ☐ Wiederholen 1x 2x 3x
		☐ Lernen ☐ Wiederholen 1x 2x 3x
Sonntag		☐ Lernen ☐ Wiederholen 1x 2x 3x
		☐ Lernen ☐ Wiederholen 1x 2x 3x
		☐ Lernen ☐ Wiederholen 1x 2x 3x
		☐ Lernen ☐ Wiederholen 1x 2x 3x

 Zusammenfassung

Wenn Sie sich etwas merken wollen, müssen Sie sich erst einmal dafür interessieren. Schaffen Sie sich bewusst Assoziationen. Überlegen Sie, wie Sie die neue Information in Ihrem Gedächtnis verankern können.

Versuchen Sie nicht, sich zu viel auf einmal zu merken. Das überfordert Ihr Kurzzeitgedächtnis. Um Vergessen entgegenzuwirken, haben Sie nur eine Möglichkeit: Das Wissen immer mal wieder zu wiederholen und auch anzuwenden.

Schaffen Sie Bezüge und Zusammenhänge.
Suchen Sie Beispiele und Vergleiche.
Suchen Sie nach Strukturen.
Schaffen Sie sich (innere) Bilder.

Umsetzungshilfe

Was wollen Sie von den Hinweisen in diesem Kapitel umsetzen? Schreiben Sie sich bitte alle wichtigen Punkte auf. Nutzen Sie dazu die Umsetzungshilfe am Ende dieses Buches.

Für schwierige Fälle: Dem Gedächtnis auf die Sprünge helfen

Manchmal kommt man aber nicht umhin, sich schwierige und abstrakte Dinge zu merken und solche unanschaulichen Begriffe und Zusammenhänge möglichst nicht wieder zu vergessen. Und damit sind auch die Bereiche genannt, wo Merkhilfen oft notwendig sind: Zahlenfolgen, Namen, Listen mit Begriffen.

Eine erste, zentrale Hilfe bei der Merktechnik ist die Steuerung der Aufmerksamkeit. Nicht zu Unrecht heißt es: Die Kunst des Erinnerns ist die Kunst der aufmerksamen Beobachtung. Sichere Assoziationen und eine mehrfache Verankerung im Gehirn sind weitere Hilfen. Schließlich muss man den Stoff so lange wiederholen, bis er sich eingeprägt hat.

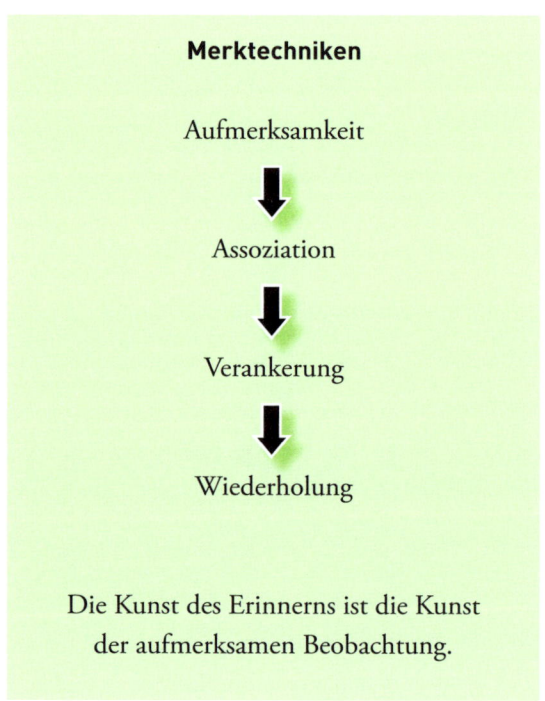

Merkhilfen und Eselsbrücken

Bevor Sie mit Merkhilfen arbeiten, sollten Sie erst einmal absichern, dass Sie sich systematisch mit dem Lernstoff auseinandergesetzt haben:

- Haben Sie die notwendige Aufmerksamkeit aufgebracht?
- Haben Sie die richtigen Assoziationen gefunden?
- Haben Sie versucht, den Lernstoff auf unterschiedliche Art im Gedächtnis zu verankern?
- Haben Sie den Stoff ausreichend oft wiederholt?

Lautet die Antwort auf alle vier Fragen Ja, sollten Sie es mit speziellen Merkhilfen versuchen. Der Trick ist einfach: Man schafft künstlich Zusammenhänge und Assoziationen, wo eigentlich gar keine sind. So lassen sich Merkschwächen überbrücken und das Auswendiglernen vermeiden. Dazu muss man nur wissen, wie man solche Brücken baut:

- Eselsbrücken bauen
  Wie kann ich mir auch schwierigen Stoff einprägen?
- Namen merken
  Wie bekomme ich ein gutes Namensgedächtnis?
- Zahlen merken
  Wie behalte ich selbst sechs- oder achtstellige Zahlen?

Schritt 27: Eselsbrücken bauen

Vokabeln, Fachbegriffe, Formeln, abstrakte Modelle, Definitionen, Zahlenfolgen, eine ganze Reihe von Personen- oder Ortsnamen haben eines gemeinsam: Sie sind schwer zu lernen. Man muss einen hohen Aufwand betreiben, bis man sie nicht mehr vergisst.

Was kann man tun?

Sie können Eigenschaften Ihres Gehirns nutzen, die wir tagtäglich erleben: Bilder, konkrete Zusammenhänge lassen sich gut merken, Abstraktes, Unanschauliches schlecht. Oft erinnert man sich noch an das Gesicht eines Menschen und an bestimmte Erlebnisse mit ihm, weiß aber seinen Namen nicht mehr. Also müssen wir uns Merkhilfen schaffen, Abstraktes mit Konkretem verbinden.

Wie man dabei am besten vorgeht, wissen Sie eigentlich schon. Es geht nämlich nur darum, dafür zu sorgen, dass der Lernstoff richtig aufgenommen und im Gedächtnis verankert wird:

- **Konzentrieren Sie sich einige Sekunden auf den Begriff, den Zusammenhang usw., den Sie sich merken wollen.**
  Vorteil: Die Aufnahme ins Gedächtnis fällt leichter.
- **Suchen Sie sich ein passendes Bild.**
  Vorteil: Der abstrakte, erlebnisferne Inhalt wird mit einem anschaulichen, personennahen Bild verknüpft.
- **Verknüpfen Sie dieses Bild mit einer komischen, absurden, lustigen Vorstellung.**
  Vorteil: Auch die rechte Gehirnhälfte wird angesprochen.

Ein Beispiel: Sie können sich den Begriff Hardware nicht merken. Dann denken Sie daran, dass Hardware wörtlich übersetzt Hart-Ware heißt. Stellen Sie sich vor, wie Sie sich an einem Computer (=Hardware) den Kopf stoßen.

Reime erleichtern das Lernen

Es gibt neben dieser Haupttechnik noch andere Merkhilfen. Gut eignen sich Reime.

Beispiele aus der Schule:

3-3-3 bei Issos Keilerei

Bei a, ab, e, ex und de, cum und sine, pro und prae steht der Ablativ.

Iller, Lech, Isar, Inn fließen rechts zu Donau hin, Altmühl, Naab und Regen fließen ihr entgegen.

Wer nämlich mit h schreibt, ist dämlich.

Man kann es auch mit den Anfangsbuchstaben versuchen.

Beispiele: Großstädte in Deutschland (in der richtigen Reihenfolge):

Bei Herrn Meier kauft Franz sonntags Dosenbier, Erdbeermarmelade, drei Brötchen.

Städte: Berlin – Hamburg – München – Köln – Frankfurt – Stuttgart – Dortmund – Essen

Düsseldorf – Bremen

Das Prinzip lässt auch beim lernen der Planeten unseres Sonnensystems nutzen. Versuchen Sie es einmal selbst. Hier die richtige Reihenfolge, von der Sonne aus gesehen:

Merkur – Venus – Erde – Mars – Jupiter – Saturn – Uranus – Neptun – Pluto*

Eine mögliche Lösung:

Mein **V**ater **e**rklärt **m**ir **j**eden **S**onntag **u**nsere **n**eun **P**laneten.

Visuelle Merkhilfen

Es gibt manchmal auch die Möglichkeit, visuelle Merkhilfen zu nutzen. Beispiel Tastentelefon:

Für viele Zahlen können Sie sich eine Merkhilfe entwickeln, weil die Abfolge der Zahlen ein Muster ergibt. Finden Sie solch ein Muster, brauchen Sie sich nicht mehr die Zahlen zu merken, das Muster hilft Ihnen.

Bei häufiger Anwendung haben Sie die Folge so in Ihrem prozeduralen Gedächtnis gespeichert, dass Sie ohne Überlegung die Folge drücken.

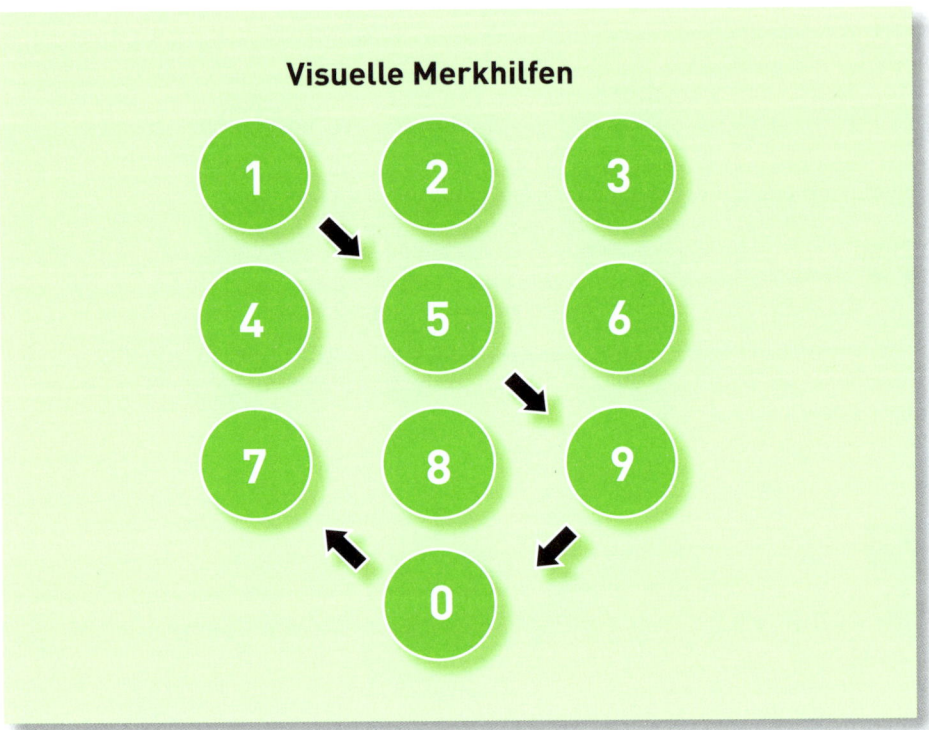

Schritt 28: Mit der Loci-Technik arbeiten

Eine fast immer anwendbare Merktechnik ist die Loci-Technik. Der Begriff stammt aus dem Lateinischen und heißt so viel wie Orte. Sie kennen die Einzahl des Wortes aus der Schülersprache: *»Ich muss auf den Lokus.«*

	In Ihrem Wohnzimmer steht rechts neben der Tür	Auf dem Weg zur Arbeit kommen Sie als Erstes vorbei
1	ein Klavier	an einer Tankstelle
2	ein Regal	an einem Bahnübergang
3	ein Sofa	an einer Buchhandlung
4	ein kleiner Tisch	an einer Imbissbude
5	ein Sessel	an einer Polizeistation
6	ein Fernseher	an einem Sonnenstudio
7	usw.	usw.

Jetzt können Sie die zu lernenden Begriffe mit diesen Dingen verbinden, eine Assoziationskette aufbauen und so auch die Begriffe in den richtigen Zusammenhang bringen. Beispiel:

Sie dürfen nicht vergessen, folgende fünf Gegenstände mit auf Ihre Dienstreise zu nehmen:

- die Akte Firma Baumüller,
- die Statistik vom letzten Halbjahr,
- Ihren Laptop,
- ein Geburtstagsgeschenk für einen Kollegen,
- Ihre Lesebrille,
- den dunklen Anzug/Kostüm.

Leider sitzen Sie im Auto und können sich die Gegenstände nicht aufschreiben. Also hilft nur merken. Nutzen wir dazu die Loci-Technik. Stellen Sie sich vor:

An der Tankstelle sehen Sie einen Lastwagen mit der Aufschrift Baumüller, der Fahrer sitzt auf dem Führerhaus und studiert die Akten, auf den Schienen liegt ein Blatt Papier, der Zug fährt darüber, so entstehen die Linien der Tabelle Ihrer Statistik. Im Schaufenster der Buchhandlung sitzt ein Mann, der sein Laptop quer hält und darin liest wie in einem Buch usw.

Bitte versuchen Sie, für die restlichen drei Begriffe eigene Assoziationen zu finden.

1	Geburtstagsgeschenk	Imbissbude
2	Lesebrille	Polizeistation
3	dunkler Anzug/Kostüm	Sonnenstudio

Je lustiger, je abstruser die Assoziationen, desto besser. Vielleicht gelingt es Ihnen ja auch, eine ganze Geschichte zu entwickeln.

Ein Lastwagenfahrer der Firma Baumüller übersieht das Rotsignal am Bahnübergang, weil er gerade seine Akte liest. Er stößt mit einem Güterzug zusammen. Heraus purzeln lauter Statistiken und CDs, die damit für Ihren Laptop unbrauchbar geworden sind, usw.

Als Erstes sollten Sie aber Ihren »Loci« festlegen, einen vertrauten Weg oder einen vertrauten Ort. Bitte auf die Reihenfolge achten und immer die gleichen Dinge und die gleiche Reihenfolge benutzen.

	Situation/Gegenstände	
1		
2		
3		
4		
5		

Probieren Sie die Methode gleich aus. Nehmen Sie sich noch einmal die folgenden Wörter vor. Versuchen Sie sie mit der Loci-Technik zu lernen.

Baum	Möbel	Freizeit	Klamauk	Strauch
Haar	Lottogewinn	Busch	Film	Gehalts-erhöhung
Pferdekoppel				

Jetzt müsste es eigentlich geklappt haben. Wenn nicht, überprüfen Sie bitte mit folgender Checkliste die Gründe:

Es gibt einen zweiten Einflussfaktor beim Lernen, die Frage, welchen Lernstil Sie haben, wie Sie mit Lernstoff umgehen. Auch dies können Sie bei sich ermitteln.

		ja	nein	Grund
1	Lange genug auf den Namen konzentriert?	☐	☐	Zu flüchtig gelernt
2	Einfache, eingängige Assoziation geschaffen?	☐	☐	Assoziationen zu kompliziert
3	Bildhafte Assoziation geschaffen?	☐	☐	Unklare, unscharfe Bildassoziationen
4	Mit komischer, absurder, lustiger Vorstellung verbunden?	☐	☐	Assoziationen zu sachlich
5	Sichere Assoziation geschaffen?	☐	☐	Mit falschen Gedächtnisinhalten verknüpft

Vielleicht versuchen Sie es noch einmal.

Schritt 29: Vokabeln merken

Fremdsprachenkenntnisse sind heute wichtiger denn je – im Beruf, im Urlaub, aber auch bei privaten Kontakten. Vielleicht geht es Ihnen auch so: Mit der Konversation klappt es ganz gut, wenn Ihnen nur die passenden Begriffe einfallen würden. Und auch wenn Sie die Vokabeln einmal gelernt haben – sie sind schnell wieder vergessen. Das muss aber nicht sein. Denn Vokabeln nachhaltig zu lernen ist eine Frage der Technik. Mit den folgenden fünf Tricks trainieren Sie Ihr Gedächtnis für Vokabeln.

Trick 1: Blockweise lernen

Nehmen Sie sich immer nur 30 Vokabeln auf einmal vor. Mit dieser Zahl haben Sie ein gutes Verhältnis zwischen Lernen und Wiederholung. Wenn Sie wollen, können Sie zusätzlich drei Blöcke zu jeweils zehn Vokabeln bilden. Gehen Sie die Vokabeln dreimal durch, verknüpfen Sie die beiden Begriffe miteinander. Dann überprüfen Sie Ihre Kenntnisse. Suchen Sie erst die deutsche Entsprechung für die Vokabel, anschließend nehmen Sie das deutsche Wort und suchen sein Pendant.

Trick 2: Der gute, alte Karteikasten

Seit vielen Jahren bewährt und immer noch eines der besten Mittel, Vokabeln zu lernen. Sie nehmen sich Karteikärtchen, schreiben auf die eine Seite den deutschen Begriff, auf die andere Seite das fremdsprachliche Pendant. Vorteile:

- **Schon beim Schreiben lernen Sie.**
- **Sie können die Kärtchen überall hin mitnehmen.**
- **Sie können mit den Kärtchen ganz systematisch lernen.**

Wenn Ihnen das Anfertigen der Karteikärtchen zu aufwendig ist, es gibt für alle gängigen Sprachen fertige Vokabelkästen im Buchhandel zu kaufen.
Und wenn Ihnen das Ein- und Umsortieren nicht zusagt: Es gibt auch Vokabeltrainer zu kaufen, die Sie am Computer nutzen.

Nehmen Sie einen Karteikasten und unterteilen Sie ihn in fünf Fächer. Alle neuen Vokabeln kommen ins erste Fach. Sie nehmen Karte für Karte heraus und überprüfen Ihre Kenntnisse. Haben Sie den Begriff gewusst, wandert das Kärtchen in das Fach zwei. Ansonsten kommt es zurück in Fach eins. Auch bei den anderen Fächern gehen Sie genauso vor. Sie überprüfen, ob Sie den Begriff kennen. Wenn nicht, wandert er wieder in Fach eins zurück, ansonsten setzt er seinen Weg durch alle fünf Fächer fort. Spätestens nach der fünften Wiederholung können Sie sicher sein, dass Sie den Ausdruck so schnell nicht mehr vergessen werden.

Übrigens lassen sich auch andere Dinge mittels Karteikärtchen lernen: Formeln, Fachbegriffe, Definitionen.

Noch ein Tipp: Sie können Ihre Lektüre mit den Kärtchen kombinieren.
Wenn Sie ein Buch in der Fremdsprache lesen, markieren Sie alle unbekannten Begriffe, schlagen Sie im Wörterbuch nach oder nutzen dazu das Internet, anschließend übertragen Sie die Vokabeln auf die Kärtchen.

Trick 3: Assoziationen
Assoziationen können Sie schaffen über andere ähnliche oder verwandte Begriffe, über Bilder und über die Aussprache. Beispielsweise heißt das Wort für Unterschrift im Englischen *signature*. Der Begriff stammt aus dem Lateinischen, auch im Deutschen gibt es eine Entsprechung, die *Signatur*. Das Gleiche gilt für den deutschen Begriff *Bescheinigung*, im Englischen *certificate,* und viele andere Begriffe.

Sie sind ein visueller Typ und arbeiten gerne mit Bildern. Das geht auch bei Vokabeln. Der Kater nach einem Rausch heißt auf Englisch *hangover*. Stellen Sie sich jemand vor, der über einer Brüstung hängt und sich übergibt. Übrigens: Solche drastischen Bilder prägen sich besonders gut ein.

Der Rhythmus der Wörter kann Ihnen ebenfalls eine Hilfe sein: *Techtelmechtel* heißt auf Englisch *hanky-panky*, dabei sind die beiden Wortbestandteile jedes Mal gleich, nur die Anfangsbuchstaben unterscheiden sich.

Trick 4: Der Zetteltrick
Alltagsdinge können Sie sich dadurch einprägen, dass Sie Klebezettel mit den Vokabeln daranheften. Ob Waschmaschine, Treppenstufe oder Quirl, so lernen Sie solche Begriffe sozusagen im Vorübergehen.

Trick 5: Spazieren gehen
Bewegung und frische Luft hilft beim Lernen. Nehmen Sie Ihre Vokabeln mit auf

Ihre Tour. Zusätzlich können Sie die Vokabeln auf CD oder Kassette sprechen, immer erst den deutschen Begriff, dann eine Pause, dann die Vokabel. Dann können Sie jeweils überlegen, ob Sie die Vokabel schon im Gedächtnis haben, bevor Sie sich selbst die Lösung verraten. Wenn Sie dann noch die Vokabel laut wiederholen, haben Sie einen zusätzlichen Lerneffekt.

Schritt 30: Zahlen merken

Mit Zahlen haben viele Leute Schwierigkeiten. Zahlenfolgen lassen sich nur sehr schlecht merken, sie sind extrem abstrakt. Eine einfache Methode, um sich solche Zahlenketten zu merken, ist die Verknüpfungstechnik. Wenn Sie sich die Zahlen genauer ansehen, werden Sie häufig finden, dass sie in einem Zusammenhang stehen.

Sie müssen sich die Zahl 8314 merken.
3 plus 1 ergibt 4
4 plus 4 ergibt 8.

Mit dieser Analyse haben Sie sich schon mal etwas genauer mit den Zahlen beschäftigt. Damit ist die Wahrscheinlichkeit gesunken, die Zahl zu vergessen. Zweitens brauchen Sie sich nur noch zwei Assoziationen statt vier Zahlen zu merken: 8=8 und 3+1=4. Noch einfacher gelingt das Merken, wenn Sie zur Gesamtzahl nur eine Assoziation aufbauen.

Zahlenfolge 1912 – Im Jahre 1912 Untergang der Titanic
Zahlenfolge 0907 – Tag und Monat des eigenen Geburtstages

1814	
936	
61728	
2009	

Es gibt eine zweite Möglichkeit, sich Zahlen zu merken. Denn auch bei Zahlen funktioniert die gedankliche Verknüpfung mit Bildern. Zuerst muss man dazu aber jeder Grundzahl ein Bild zuordnen, etwa der 1 einen Bleistift, eine Fahnenstange mit Fahne oder einen Vogel. Welches Bild man nimmt, ist egal. Wichtig ist, dass Sie sich ein Bild suchen, das Ihnen eine gute und schnelle Assoziation zur jeweiligen Zahl ermöglicht. Nur so ist eine gute Verbindung zwischen Zahl und Bild sichergestellt.

0	1	2
3	4	5
6	7	8
9	10	

Vielleicht kopieren Sie sich Ihre Zahlenbilder und hängen sie über den Schreibtisch als Merkhilfe. Jetzt können Sie wieder eine Bilderkette entwickeln, eine kleine, vielleicht lustige, wahrscheinlich ungewöhnliche Geschichte. Beispiel: Sie wollen sich die Geheimzahl Ihrer Eurocheckkarte merken. Sie lautet 2 8 9 0. Nehmen wir an, Sie haben sich einen Schwan für die 2, den Schneemann für die 8, eine Blume für die 9 und den Ball für die 0 ausgesucht. Eine von vielen möglichen Geschichten könnte dann lauten:

Ein Schwan war mit einem Schneemann und einer Blume befreundet und war traurig, als der Winter vorbei war, freute sich dann aber gleichzeitig auf den Frühling. Denn dann sah er seine Freundin, die Blume, wieder. Aber dann fand er einen Ball und vergaß die beiden Freunde.

Vielleicht eine etwas kitschige Geschichte. Aber damit vergessen Sie dann hoffentlich nie mehr Ihre Geheimzahl. Auch dazu wieder eine kleine Übung:

	Bitte merken Sei sich mithilfe Ihrer Zahlenbilder eine beliebige Telefon- oder Kontonummer, die Sie bisher immer wieder vergessen haben.
1	
2	
3	
4	
5	
6	
7	
8	
9	
10	

Sie können zum Zahlenmerken natürlich auch die Loci-Technik benutzen.

Zusammenfassung

Schaffen Sie sich Eselsbrücken.

Versuchen Sie abstrakte Lerninhalte mit Konkretem, Bekanntem zu verbinden.

Arbeiten Sie mit Hilfen wie Zettelkästen.

Nutzen Sie zum Lernen von Wortreihen die Loci-Technik.

Schaffen Sie beim Lernen von Namen und Zahlen visuelle Assoziationen.

Schaffen Sie sich (innere) Bilder.

 ## Umsetzungshilfe

Was wollen Sie von den Hinweisen in diesem Kapitel umsetzen? Schreiben Sie sich bitte alle wichtigen Punkte auf. Nutzen Sie dazu die Umsetzungshilfe am Ende dieses Buches.

Nicht verzagen: Von Rückschlägen nicht irritieren lassen

Nicht immer klappt es mit dem Lernen so, wie es sollte. Je umfassender der Stoff, je länger die Lernzeit, desto anfälliger wird der Lernprozess gegenüber Störungen.

Manchmal kommt eines zum anderen: Sie haben einen schlechten Tag, der Stoff will einfach nicht in den Kopf und da bietet sich Ihnen die Gelegenheit, mit einem Freund für ein paar Tage wegzufahren. Ausspannen tut Ihnen sicherlich gut. Nach der Rückkehr stellen Sie aber fest, dass jetzt Ihr Zeitplan durcheinandergekommen ist. Sie beschließen, noch intensiver zu lernen, aber das klappt noch schlechter, die Motivation sinkt und die Prüfung rückt immer näher.

Schritt 31: Hemmnisse einschätzen

Es gibt drei Faktoren, die zu Problemen während der Lernphase führen können. Dies sind Ihr Durchhaltevermögen, Ihre Erfolgsaussicht und Ihre Selbstdisziplin.

Wie gut sind die Erfolgsaussichten?

Mit den folgenden Fragen können Sie bestimmen, wie es bei Ihnen um die drei Faktoren Durchhaltevermögen, Erfolgsaussichten und Selbstdisziplin bestellt ist.

		stimmt	stimmt eher nicht
1	**Durchhaltevermögen**		
	Ich kann mich gut selbst motivieren.	☐	☐
	Mit Rückschlägen komme ich gut zurecht.	☐	☐
	Ich kann mich in eine Sache richtig verbeißen.	☐	☐
	Ich halte meine festgelegten Lernzeiten ein.	☐	☐
2	**Erfolgszuversicht**		
	Ich weiß, ich schaffe es, mein Ziel zu erreichen.	☐	☐
	Ähnliche Ziele habe ich bereits in der Vergangenheit erreicht.	☐	☐
	Ich habe meine Ziele klar vor Augen.	☐	☐
3	**Selbstdisziplin**		
	Gegen Ablenkungen bin ich immun.	☐	☐
	Wenn ich etwas beginne, bleibe ich auch dabei.	☐	☐
	Schlendrian kommt bei mir nicht vor.	☐	☐
	Bei schwierigem Lernstoff »beiße ich mich durch«.	☐	☐

Bei jeder Aussage, der Sie nicht zustimmen konnten, sollten Sie überlegen, wie Sie die Erfolgsaussichten verbessern können.

- Fangen Sie mit kleinen Schritten an, die sich leicht umsetzen lassen und sichere Erfolge versprechen. Das wird Sie motivieren, den nächsten Schritt in Angriff zu nehmen.
- Achten Sie darauf, sich regelmäßig Erfolgserlebnisse zu schaffen oder auch Ihre Ziele mit anderen, angenehmen Dingen zu verbinden.

Sie wollen Englisch lernen und wandern gerne. Dann bietet es sich an, einen Wanderurlaub in England oder Irland mitzumachen, vielleicht verbunden mit einem Sprachkurs.

Ohne Selbstdisziplin geht nichts

Die Selbstdisziplin kann schwanken, und zwar gleich aus zwei verschiedenen Gründen:

- **Sie tun etwas nicht, obwohl Sie es sich vorgenommen haben, z.B. jeden Tag zwei Stunden Vokabeln zu lernen.**
- **Sie tun etwas, was Sie eigentlich nicht tun wollten, z.B. Sie nehmen sich einen Tag »frei«, weil Sie keine Lust zu lernen haben.**

Solche Probleme mit der Disziplin kommen vor, sie sollten aber die Ausnahme bleiben. Spätestens wenn sie eher die Regel als die Ausnahme werden, sollten Sie sich fragen, was dahintersteckt: *Warum bringen Sie so wenig Selbstdisziplin auf?*

- **Liegt es an dem Vorhaben? Stehen Sie vielleicht doch nicht richtig dahinter?**
- **Liegt es an der derzeitigen Situation? Ist etwa Ihre Belastung sehr hoch, haben Sie zu wenig Zeit?**
- **Liegt es an den Rahmenbedingungen? Haben Sie nicht genügend Ruhe, keinen Platz zum Lernen? Werden Sie zu oft gestört?**

Bitte seien Sie selbstkritisch. Entschuldigungen finden sich schnell.

Die Kunst der Selbstdisziplin besteht darin, Freude und Interesse an der Umsetzung selbst zu finden. Das schafft die Kraft für das Erreichen von Zielen. Selbstdisziplinierte Menschen konzentrieren sich auf ihre Zielerreichung. Bei Problemen konzentrieren sie sich auf die Lösungssuche. Undisziplinierte Menschen neigen eher dazu, Ausreden dafür zu suchen, dass sie etwas nicht schaffen. Sollten Sie häufig den Impuls zu Ausreden verspüren, konfrontieren Sie sich selbst ehrlich mit Ihren Ausreden.

Eine gute Methode, Selbstdisziplin zu entwickeln, ist das Lernen am Modell. Beobachten Sie Menschen aus Ihrer Umgebung, wie sie erfolgreich und konsequent Ziele erreichen. Es geht nicht darum, eine andere Person zu imitieren. Suchen Sie sich die Verhaltensweisen aus, die Sie für sich nutzen können. Das optimale Vorbild ist dabei eine Person, die Sie sympathisch finden und die Ähnliches vorhat wie Sie.

Schritt 32: Lernproblemen begegnen

Hier gleich eine Liste häufiger Probleme und was Sie dagegen tun können:

Sie kommen mit dem Lernpensum nicht zurecht.

Sie hätten nicht gedacht, dass Sie so lange zum Lernen brauchen, die Zeit zerrinnt Ihnen zwischen den Fingern. Sie können jetzt Ihr Lernpensum erhöhen. Aber das geht nur bis zu einem bestimmten Level. Wenn zu wenig Pausen übrig bleiben und zu wenig Zeit für Ausgleich, sinkt Ihre Lernleistung. Deshalb ist dies meist nur die zweitbeste Lösung. Überlegen Sie lieber, ob Sie Prioritäten setzen können, Themen weglassen oder sich mit bestimmten Inhalten nur oberflächlich beschäftigen können.

Sie haben das Gefühl, dass nichts mehr in Ihren Kopf hineingeht.

Dann machen Sie gerade Erfahrungen mit einem sogenannten Lernplateau.

Lernen erfolgt in Schüben. Deshalb hat man manchmal beim Lernen das Gefühl, das Gedächtnis sei wie ein Sieb und man komme nicht weiter. Was wahrscheinlich ist: Das Gehirn gönnt sich gerade eine »Ruhepause«, danach stellen sich wieder schnelle Erfolgserlebnisse ein.

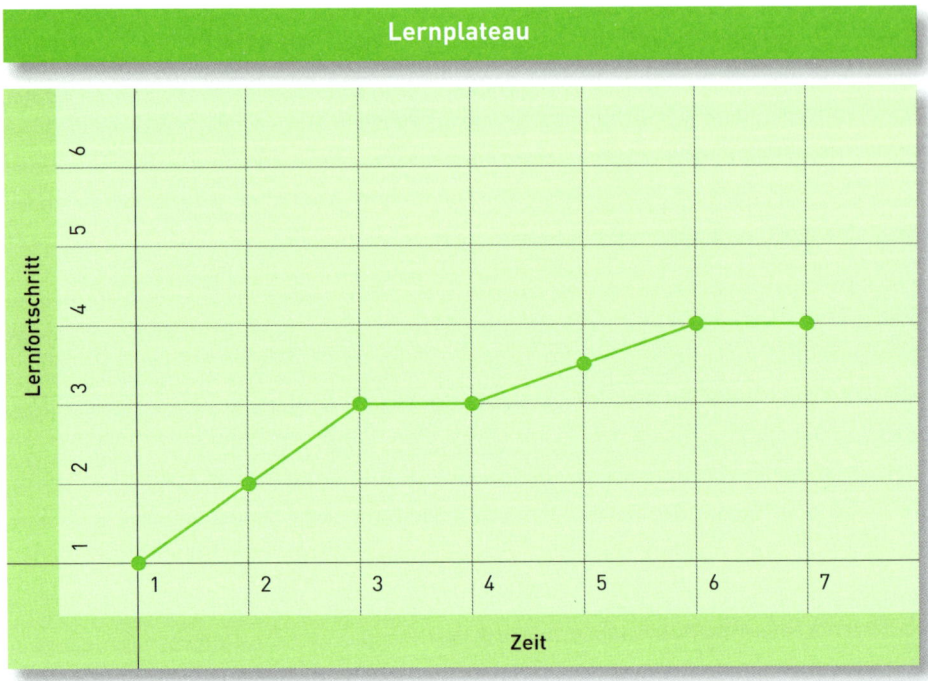

Lernplateau

Sie haben keine Lust

Unlustphasen sind normal, vor allem, wenn man sich mit etwas beschäftigen muss, zu dem man nur bedingt Lust hat, man die Prüfung vor Augen hat und man viele Dinge tun könnte, die viel mehr Spaß machen würden.

Nehmen Sie solche Unlustphasen als normale Begleiterscheinungen. Gönnen Sie sich eine kurze Auszeit, wenn Ihr Zeitpensum dies zulässt. Es sollte aber eine und zwar eine kurze Auszeit bleiben. Setzen Sie sich ein gut erreichbares Ziel »*Wenn ich bis heute Abend ...*«. und denken Sie sich eine schöne Belohnung aus.

Sie werden häufig abgelenkt

Es muss nicht der Bagger vor dem Haus sein, der gerade die Straße aufbricht. Es kann auch der Kollege sein, der eine dringende Frage hat, das Kind, das schreit, das Telefon, das klingelt oder der Vertreter an der Haustür, der Ihnen die Vorzüge eines Zeitungsabonnements erläutern will.

Mehren sich die Störungen, müssen Sie die Störquellen analysieren und abstellen. Vielleicht müssen Sie sich schlicht von dem Wunsch lösen, jederzeit erreichbar zu sein, vielleicht müssen Sie auch gemeinsam mit anderen überlegen, wie Sie sich besser abschirmen können. Vielleicht müssen Sie aber auch über einen anderen Lernplatz oder über andere Lernzeiten nachdenken.

Sie stören sich selbst

Vielleicht doch noch ein längeres Privatgespräch führen, vielleicht doch noch etwas im Internet surfen, vielleicht doch noch etwas in der Kaffeeküche mit anderen erzählen. Im Einzelfall sicherlich unproblematisch, bei kontinuierlicher »Anwendung« nehmen Sie sich systematisch die Zeit weg. Suchen Sie in einem solchen Fall nach den Gründen:

- **Fühlen Sie sich durch Ihre Lernaufgabe vielleicht überfordert oder unterfordert?**
- **Brauchen Sie mehr Anregungen?**
- **Empfinden Sie Ihr Lernpensum als wenig motivierend?**
- **Haben Sie einzelne Aufgaben, die Sie vor sich her schieben?**

Es ist dann besser, etwas gegen die Ursachen zu tun, als mit sich selbst ins Gericht zu gehen und sich über sich selbst zu ärgern.

Schritt 33: Durststrecken überwinden

Durststrecken kommen vor, sie gehören zu längerfristigen Vorhaben dazu. Manchmal hat man schlicht keine Lust. Kalkulieren Sie gelegentliche Durststrecken ein, aber fürchten Sie sich nicht davor. Nicht immer geht alles glatt. Wenn Sie Ihr Lernpensum nicht schaffen, flüchten Sie sich nicht in Entschuldigungen oder Ausreden. Lassen Sie sich durch Rückschläge nicht aus der Bahn werfen. Wenn Sie sich vorgenommen haben, jeden Tag drei Stunden zu lernen, und Sie kommen zwei, drei Mal nicht dazu – was soll es? Ärgern Sie sich nicht über die zwei, drei Mal, sehen Sie auf die vielen Male, wo es geklappt hat. Schließlich überwiegen die Erfolge deutlich.

Rückschläge kommen vor, manchmal gewinnt der innere Schweinehund. Rückschläge sind aber auch immer die Gelegenheit, daraus zu lernen. Nutzen Sie die Gelegenheit.

- Warum passiert Ihnen das gerade jetzt?
- Welche Gründe sind dafür verantwortlich?
- Was unterscheidet die Situation von anderen, wo Sie keine Probleme hatten?
- Was können Sie tun, um eine solche Situation in Zukunft zu vermeiden?

Haken Sie das Thema danach ab. Konzentrieren Sie sich auf Ihre Ideen, solche Rückschläge in Zukunft zu vermeiden. Versuchen Sie schnell wieder Tritt zu fassen, planen Sie sofort den nächsten Schritt und wählen Sie bewusst einen Schritt, der für Sie wenig Aufwand bedeutet, Ihnen aber einen schnellen Erfolg bringt. Und planen Sie eine Extra-Belohnung für sich ein.

Kommen Rückschläge gehäuft vor, sollten Sie auf keinen Fall die Flinte ins Korn werfen. Probieren Sie dann die folgenden Vorschläge aus:

- **Warten Sie ab.**
  Dieser Ratschlag könnte Ihnen etwas ungewöhnlich erscheinen. Bedenken Sie aber: Gerade, wenn man gefordert ist, wird man schnell ungeduldig, man will schnell Erfolge sehen und seine Ziele erreichen. Aber das braucht seine Zeit. Warten Sie deshalb ab. Ein paar Tage »durchzuhängen«, dürfte bei einer vernünftigen Zeitplanung kein großes Problem sein.
- **Überprüfen Sie Ihre Erwartungen und Ihre Planung.**
  Nehmen Sie sich Ihre Ziele und Ihren Zeitplan noch einmal vor.
- **Sind die Ziele nicht motivierend genug?**
- **Sind sie zu hoch gesteckt?**

Liegt es nicht am Ziel, liegt es vielleicht an Ihrem Umsetzungsplan:

- Ist der Plan zu ehrgeizig?
- Ist das Lernpensum zu groß oder die Zeit zu kurz?
- Haben Sie zu wenig Erfolgserlebnisse und Belohnungen eingeplant?

Das gilt auch für den Fall, dass unerwartete Ereignisse wie Krankheit oder private Probleme Ihr Lernprogramm aus dem Takt bringen.

- **Experimentieren Sie.**
  Wenn auch das nichts hilft, sollten Sie über Alternativen zu Ihrem Vorgehen nachdenken. Vielleicht gibt es für Sie bessere Lernmethoden. Um das zu ermitteln, müssen Sie experimentieren.

Sie haben bisher ausschließlich alleine gelernt. Vielleicht ist es für Sie besser, sich einer Lerngruppe anzuschließen. Das kann die Motivation fördern und auch das Lernergebnis steigern.

Probieren Sie neue Wege. Vielleicht landen Sie damit einen Treffer. Vielleicht stellen Sie auch fest, dass der »alte« Weg doch der bessere ist. Nur wer experimentiert, macht Erfahrungen, und nur wer Erfahrungen macht, kann beurteilen.

- **Hüten Sie sich vor Ihrem größten Kritiker.**
  Viele Menschen sind sich selbst der größte Kritiker. Sie sind grundsätzlich unzufrieden mit ihren Leistungen und ihren Fortschritten. Selbstkritik äußert sich häufig in inneren Dialogen, die von negativen Einschätzungen und destruktiven Gedanken geprägt sind. Die Folge: Sie demotivieren sich immer mehr, bis sie in ihrem persönlichen Jammertal gelandet sind. Machen Sie sich nicht selbst klein. Denken Sie an Ihren Erfolg, nicht an Ihren Misserfolg!

Ihre Gedanken bestimmen, was Sie als positiv empfinden und was nicht, wo Sie sich selbst unter Stress setzen oder Dinge geruhsam angehen.

Gehen Sie mit sich selbst nicht zu streng um. Eine gute Motivation hat auch damit zu tun, was für ein Bild Sie von sich selbst haben und wie Sie sich behandeln. Das ist so ein bisschen wie das »schlechte Gewissen« in der Waschmittelwerbung. Wenn Sie sich selbst immer wieder einreden, dass Sie nichts zuwege bringen, wenn Sie dauernd an sich selbst herumnörgeln, fühlen Sie sich über kurz oder lang genauso, nämlich klein, hässlich, als Versager. So würden Sie sicher mit keinem anderen umgehen – ihn immer wieder herunterputzen, schlecht machen, einen auf den Deckel geben. Warum sollten Sie das dann bei sich selbst tun?

Versuchen Sie sich selbst nicht so wichtig zu nehmen. Versuchen Sie auch einmal über sich und über Ihre »Tollpatschigkeit« zu lachen. Versuchen Sie es auch einmal mit dem folgenden Trick: Beenden Sie möglichst Ihren Tag auf positive Weise: Überlegen Sie, was an diesem Tag besonders angenehm für Sie war oder wo Sie mit sich zufrieden waren. Das ist dann sozusagen das Gegenprogramm zur Problemsicht.

- **Machen Sie sich Ihre Erfolge bewusst.**
  Sie haben schon viel erreicht und sind auf dem Weg zum Ziel. Ihrer Motivation tut es gut, darüber nachzudenken, welche Erfolge Sie mit dem Lernen schon erreicht haben. Machen Sie sich ruhig eine Liste und hängen Sie diese über dem Schreibtisch auf.

  Motivierend ist auch, im Arbeitsplan jeden Tag abzuhaken, was Sie schon alles geschafft haben. Freuen Sie sich darauf, wie Sie erleben können, dass Sie Ihrem Ziel Schritt für Schritt näher kommen.

- **Beginnen Sie neu – mit kleinen Schritten.**
  Wenn Sie das Lernen vernachlässigen, wird der Berg, den Sie vor sich haben, in der Wahrnehmung immer höher und anscheinend immer schwieriger zu bewältigen.

Es kommt nicht darauf an, wie groß der Schritt ist, den Sie als Erstes tun, sondern dass Sie ihn überhaupt tun. Und es ist wichtig, dass Sie mit dem ersten Schritt gleich ein Erfolgserlebnis haben. Versuchen Sie es mit der Salami-Taktik: Machen Sie aus der unüberschaubaren Fülle kleine, gut verdaubare Happen. Der Vorteil für Sie: Die Aufgabe erscheint Ihnen nicht mehr so erdrückend, Sie können Punkt für Punkt abhaken. Denken Sie an einen Sportler. Nach einer Verletzungspause wird er auch ganz langsam wieder anfangen zu trainieren.

- **Nehmen Sie sich Zeit, um Rückstände aufzuholen.**
Wenn Sie in Rückstand zu Ihrem Plan geraten, nutzen Sie als Erstes die freien Tage, die Sie als Puffer eingeplant haben, um den Stoff aufzuholen. Reicht das nicht aus, machen Sie eine neue Planung und verteilen den Stoff neu. Für jeden Tag 10 Prozent mehr Zeit zum Lernen einzuplanen, ist eine bessere Strategie, als innerhalb von drei Tagen alles aufholen zu wollen.

Seien Sie stolz auf sich, wenn Sie wieder Tritt gefasst haben. Da bleibt nur noch eines: Feiern Sie Ihre Erfolge. Tun Sie sich etwas Gutes, erzählen Sie anderen davon. Jeder Erfolg stärkt Ihr Selbstbewusstsein. Das nächste Ziel können Sie nun mit noch mehr Elan und Zuversicht angehen.

 Zusammenfassung

Nehmen Sie Unlust und Verzögerungen als normale Begleiterscheinungen umfänglicher Lernprojekte.

Ermitteln Sie die Gründe und suchen Sie nach Möglichkeiten, schnell wieder Tritt zu fassen. Beginnen Sie wieder mit kleinen Schritten und versuchen Sie nicht, mit einer massiven Anstrengung alles wieder »reinzuholen«.

Sehen Sie eine Extra-Belohnung für Ihre ersten, neuen Erfolge vor.

Umsetzungshilfe

Was wollen Sie von den Hinweisen in diesem Kapitel umsetzen? Schreiben Sie sich bitte alle wichtigen Punkte auf. Nutzen Sie dazu die Umsetzungshilfe am Ende dieses Buches.

Der Count-down läuft: Fit machen für den großen Tag

Die letzten Tage vor der Prüfung. Jetzt heißt Ihre Hauptaufgabe, sich inhaltlich und mental auf den großen Tag vorzubereiten.

Schritt 34: Informationen einholen

Versuchen Sie sich so gut wie möglich über den Ablauf der Prüfung, über die geforderten Leistungen und über die Vorlieben der Prüfer zu informieren. Je unbekannter die Situation, desto größer meist die Befürchtungen. Erkundigen Sie sich bei anderen, was auf Sie zukommt und wie sie die Situation erlebt haben. Besorgen Sie sich Informationen über die Personen, die Ihnen begegnen werden, über ihre Vorlieben, über ihre Erwartungen.

Sehen Sie sich möglichst auch den Ort an, wo die Prüfung stattfindet. Versuchen Sie als Gast an Prüfungen teilzunehmen und beobachten Sie, wie andere sich verhalten. Üben Sie: Spielen Sie die Prüfungssituation mit Gleichgesinnten durch. Sie haben davon einen zweifachen Nutzen:

Erstens wissen Sie, was auf Sie zukommt. Wissen schützt vor irrationalen Ängsten vor der Prüfung. Zweitens können Sie sich gezielter vorbereiten, wenn Sie wissen, was von Ihnen verlangt wird.

Bedenken Sie aber auch: Jede Prüfung hat Ihren eigenen Charakter, den Sie mitbestimmen können. Deshalb nützen auch die besten Informationen über vorangegangene Prüfungen nur bedingt und ersetzen nie eine gute Vorbereitung.

Gehen Sie mit realistischen Vorstellungen in die Prüfung. Sie wollen erst einmal die Prüfung schaffen, das ist schon mal ein Erfolg. Wenn Sie dann noch eine gute Note bekommen, umso besser. Denken Sie daran: Je höher Ihre Erwartungen, desto höher ist der Druck.

Versuchen Sie auch zu ermitteln, nach welchen Kriterien die Antworten bewertet werden, worauf die Beurteiler Wert legen. Dann können Sie sich darauf einstellen. Bei Klausuren wird u.a. bewertet:

- **Problemerfassung:**
  Einordnung ins Gesamtsystem
  Erkennen und Gewichten von Schwerpunkten

- **Begründung der Lösung:**
  Vorbringen eigener Überlegungen
  Qualität und Ausführlichkeit der Begründung

- **Kenntnisse:**
  vollständige und richtige Wiedergabe
  Ergänzungen

- **Aufbau und Gliederung:**
  logische Reihenfolge
  Gliederungstiefe
  Herstellen von Zusammenhängen

- **Form und sprachliche Darstellung:**
  Wortwahl
  Satzbau
  Rechtschreibung

Schritt 35: Auf das Wiederholen konzentrieren

Sie stehen kurz vor der Prüfung und haben das Gefühl, Sie sind noch lange nicht mit dem Lernen fertig. Vielleicht kommen ja doch andere Fragen, als Sie denken. Vielleicht sollten Sie sich doch noch mit dem Thema X beschäftigen. Man weiß ja nie. Lassen Sie es. Je peripherer das Thema, desto unwahrscheinlicher ist, dass es in der Prüfung vorkommt. Sie können und müssen nicht alles wissen.

Wenn Sie sich mit immer neuen Themen beschäftigen, haben Sie zu wenig Zeit, dafür zu sorgen, dass Sie wichtigen Lernstoff tatsächlich im Kopf haben. Außerdem macht Sie die Suche nach Stoff, der ja vielleicht doch vorkommen könnte, nur nervös. Sie entdecken dabei immer mehr Wissenslücken und stellen dann vielleicht mit Bestützung fest, wie viel Sie nicht wissen.

Jetzt, wenige Tage vor der Prüfung, heißt es Wiederholen und Sicherheit gewinnen. Der Begriff Wiederholen weist auf die Aufgabe hin, die Sie vor sich haben. Das Gelernte wieder aus dem Gedächtnis zu holen, und das präzise und möglichst ohne lange Überlegungen.

Versuchen Sie bereits in den Wochen vor der Prüfung, das Wissen immer weiter zu komprimieren. Ziel ist, dass Sie auf ein Stichwort hin problemlos größere Zusammenhänge darstellen können.

Schreiben Sie sich ruhig Stichwortzettel, wo Sie jedes Thema auf wenige Begriffe reduziert haben. Lassen Sie sie aber zu Hause.

Schritt 36: Stressbereitschaft bestimmen

Kein Mensch ist in jeder Situation souverän. Je wichtiger das Ereignis, je unbekannter die Situation, desto wahrscheinlicher ist es, dass man sich nicht so ganz wohl in seiner Haut fühlt.

Andererseits: Wenn Sie zu schüchtern sind und zu linkisch auftreten, womöglich sich selbst im Gespräch negativ darstellen, werden Sie kaum die Sympathie anderer gewinnen.

	Selbsttest: Wie gehen Sie mit Ihrer Unsicherheit um?	ja	teilweise	nein
1	Können Sie gut einschätzen, welche Situationen Sie unsicher werden lassen?	☐	☐	☐
2	Kennen Sie die Symptome, in denen sich bei Ihnen Unsicherheit zeigt?	☐	☐	☐
3	Können Sie Ihre eigenen Unsicherheiten akzeptieren?	☐	☐	☐
4	Können Sie im Verhalten anderer ablesen, wie sicher oder unsicher diese sind?	☐	☐	☐
5	Kennen Sie Verhaltensweisen, die Ihnen zu sicherem Auftreten verhelfen?	☐	☐	☐
6	Macht es Sie nervös, wenn Sie merken, dass Sie unsicher werden?	☐	☐	☐
7	Brauchen Sie einen Gesprächspartner, der Sie von Ihrer Unsicherheit befreit.	☐	☐	☐

Je häufiger Sie »nein« angekreuzt haben, desto wichtiger ist es für Sie, sich mit dem Thema zu beschäftigen und nach Wegen zu suchen, im Umgang mit anderen sicherer zu werden.

Denken Sie daran: Sie sind dem Unsicherheitsgefühl nicht hilflos ausgeliefert, sondern können sich selber sicher machen.

Durch Unsicherheit verändert sich oft Sprache, Stimme und auch die Körpersprache.

	Sicher	Gehemmt
Stimme	angemessene Lautstärke, klar, deutlich	leise, zaghaft
Formulierung	eindeutig	unklar, vage
Inhalt	präzise Angaben, fundierte Begründung	überflüssige Erklärungen, Weitschweifigkeit
Gestik/Mimik	unterstreichend, lebhaft, entspannte Körperhaltung, Blickkontakt	kaum vorhanden oder verkrampft, kein Blickkontakt, verspannte Körperhaltung

Zur eigenen Unsicherheit zu stehen, hilft Ihnen auch in der Prüfungssituation selbst. Gestehen Sie sich ruhig ein: *»Ich fühle mich jetzt dieser Situation nicht gewachsen, bin momentan überfordert.«* Die Unsicherheit gut behandeln tut der Sicherheit gut.

Gehen Sie offensiv mit Ihrer Unsicherheit um. Ignorieren Sie sie nicht, sondern setzen Sie sich mit ihr auseinander: Machen Sie sich klar, dass es nur Ängste und keine Tatsachen sind. Relativieren Sie Ihre Ängste mit der Frage, was schlimmstenfalls passieren könnte. Beispielsweise eine Abfuhr erleben? Das wäre unangenehm, zugegeben. Aber was verlieren Sie letztlich dabei? Im Grunde nichts.

Ein gutes Selbstbewusstsein ist nicht angeboren, sondern das Ergebnis vieler Erfolgserlebnisse, natürlich auch im Umgang mit anderen. Nur wer wagt, gewinnt, und nur, wer immer wieder auf andere zugeht, kann Erfahrungen sammeln. Dabei müssen Sie natürlich die Gefahr von Ablehnung und Misserfolg einkalkulieren. Erfahrungen aber machen Sie sicherer, Sie können Situationen besser einschätzen – Erfolgserlebnisse werden häufiger.

In einer Situation unsicher aufzutreten, kann vorkommen. Allerdings sollten Sie im Nachhinein analysieren, was Sie verunsichert hat. Spielen Sie Möglichkeiten durch,

- **Wie Sie Unsicherheit verhindern könnten**
- **Wie Sie mit der Unsicherheit besser zurechtkommen.**

Erweitern Sie Ihr Verhaltensrepertoire, hin zu mehr Sicherheit und Souveränität. Sie werden sehen: Schritt für Schritt kommen Sie auch mit früher belastenden Situationen gut zurecht.

Schritt 37: Bewusst entspannen

Auch mental sollten Sie sich vorbereiten, vor allem, wenn Sie fürchten, vor oder in der Prüfung in Stress zu geraten. Sozusagen prophylaktisch können Sie auch etwas gegen Prüfungsstress tun. Es gibt eine ganze Reihe von Entspannungstechniken, die sich schnell erlernen lassen und eine wertvolle Hilfe gegen Stress darstellen. **Beispiele sind:**

- **Progressive Muskelentspannung**
- **Autogenes Training**
- **Yoga**
- **Meditation**

Autogenes Training ist eine Art Selbsthypnose. Man versetzt seinen Körper dabei gezielt in einen Entspannungszustand. Das Autogene Training ist eine wirksam einsetzbare Methode, denn damit kann man:

- **sich in wenigen Minuten entspannen**
- **sich auf schwierige Situationen, etwa Prüfungen, emotional vorbereiten**
- **die mentalen Voraussetzungen schaffen, um sich von ungeliebten Angewohnheiten wie dem Rauchen zu trennen**

Das Autogene Training können Sie zwar selber durchführen, lernen sollten Sie es aber unbedingt unter Aufsicht. Wenn Sie autogenes Training erlernen wollen, vertrauen Sie sich nicht einem Buch an, sondern melden Sie sich zu einem Kurs an. Diese werden bei vielen Fortbildungsinstituten angeboten (z.B. Volkshochschule).

Yoga und Meditation kommen aus dem fernöstlichen Kulturkreis. Yoga umfasst verschiedene körperliche Übungen, verbunden mit einer bestimmten Geisteshaltung. Im Mittelpunkt der Meditation stehen geistige Übungen. Das Interessante an Yoga ist vor allem die Kombination aus Körperarbeit und geistiger Arbeit; das Interessante an Meditation ist, dass Sie sie praktisch überall anwenden können. Um Yoga und Meditation zu lernen, empfiehlt es sich ebenfalls, einen Kurs zu besuchen.

Die progressive Muskelentspannung ist eine rein körperliche Übung, die Sie selber ausprobieren und ohne großen Aufwand beliebig oft einsetzen können. Ziel ist das gezielte Entspannen der Muskulatur. Gerade in Stresssituationen ist ein Großteil Ihrer Muskeln angespannt. Deshalb kann progressive Muskelentspannung hier gute Dienste leisten. Alles was Sie dazu brauchen ist ein ruhiger Ort und zehn Minuten Zeit. Und so funktioniert es Schritt für Schritt:

1. Schritt: Suchen Sie eine entspannte Sitzhaltung

Setzen Sie sich bequem hin. Achten Sie aber darauf, dass Sie gerade sitzen. Ob Sie dabei mit gekreuzten Beinen auf dem Boden sitzen, auf einem Stuhl oder in einem Sessel, das spielt keine Rolle. Stellen Sie beide Füße auf den Boden und legen Sie Ihre Arme auf die Oberschenkel. Mit einem Wort: Sitzen Sie entspannt.

2. Schritt: Entspannen Sie Ihre Muskeln

Schließen Sie die Augen und gehen Sie alle wichtigen Muskeln durch. Beginnen Sie bei Ihrem Kopf und gehen Sie weiter, bis Sie Ihre Zehen erreichen. Konzentrieren Sie sich auf den Muskel. Spüren Sie, wie entspannt er ist. Wenn Sie merken, dass der Muskel angespannt ist, bleiben Sie so lange bei ihm, bis Sie spüren, dass die Verspannung schwindet. Stellen Sie sich vor, dass Sie in einer Badewanne mit angenehm temperiertem Wasser liegen oder am Strand in der Sonne.

3. Schritt: Kontrollieren Sie Ihre Atmung

Atmen Sie tief durch die Nase und spüren Sie den Atemrhythmus nach. Atmen Sie aus dem Bauch heraus. Atmen Sie langsam, machen Sie nach dem Ausatmen eine kleine Pause, bevor Sie wieder Luft holen.

4. Schritt: Lassen Sie Ihre Gedanken fließen

In dem entspannten Zustand können Ihnen unterschiedlichste Gedanken in den Sinn kommen. Häufig handelt es sich dabei um aktuelle Sorgen und Probleme. Um was es sich auch immer handelt, verscheuchen Sie die Gedanken nicht. Das würde nur Ihre Konzentration stören. Lassen Sie sie kommen und gehen.

5. Schritt: Schaffen Sie sich einen positiven Anker

Beenden Sie die Übung, indem Sie sich ein positives Bild vor Augen führen. Vielleicht legen Sie sich eine Auswahl positiver Bilder zurecht, eine Situation im Urlaub voller Harmonie, einen Moment im Beruf, der für Sie ein besonderer Erfolg war. Alternativ können Sie sich eines Ankers bedienen, der für Sie einen Wert symbolisiert, etwa einen Baum als Symbol für Kraft und Vitalität oder das Meer als Symbol für Unendlichkeit.

Vielleicht können Sie auch ein Gegenbild zu Ihren Grübeleien schaffen. Wenn Ihnen zum Beispiel während der Entspannung immer wieder Gedanken durch den Kopf spuken, die sich um Versagensängste drehen, können Sie sich als starkes Gegenbild Ihren größten beruflichen Erfolg der letzten Jahre ins Gedächtnis rufen.

6. Schritt: Verabschieden Sie sich langsam aus dem Entspannungszustand

Wen Sie sich ausreichend entspannt fühlen, bleiben Sie bitte noch eine Minute sitzen und stehen erst dann langsam auf. Übrigens: Wenn Sie die Übung regelmäßig durchführen, werden Sie feststellen, dass es Ihnen immer schneller gelingt, sich zu entspannen. Auch wirkt die Entspannung intensiver.

Schritt 38: Sich auf die Prüfung einstellen

Die wichtigste Regel vorweg: Hören Sie am Vortag auf zu lernen, entspannen Sie sich lieber. Tun Sie etwas, was Ihnen Spaß macht, verbringen Sie die Zeit mit anderen. Allerdings möglichst nicht mit »Leidensgenossen«, bei denen die Prüfung auch vor der Tür steht. Denn dann steht die Prüfung wieder im Mittelpunkt und vielleicht schaukeln Sie sich mit »Horrorszenarios« gegenseitig hoch und machen sich gegenseitig verrückt.

Legen Sie sich alles zurecht, was Sie am nächsten Tag brauchen. Gehen Sie rechtzeitig zu Bett, trinken Sie bestenfalls ein Glas Bier oder Wein am Abend. Sollten Sie schlecht schlafen, akzeptieren Sie das als normal. Unser Körper kommt mit erstaunlich wenig Schlaf auf, wenn es drauf ankommt, und bringt dann doch die geforderte Leistung. Frühstücken Sie gut. Ihr Gehirn braucht Energie. Trinken Sie ausreichend und nehmen Sie sich Mineralwasser zur Prüfung mit. Nehmen Sie möglichst vor der Prüfung keine Tabletten, zumindest keine, bei denen Sie die Wirkung nicht genau genug kennen.

 Zusammenfassung

Besorgen Sie sich Informationen über den Ablauf der Prüfung, die geforderten Leistungen und die Eigenarten der Prüfer.

Reservieren Sie die letzten Tage vor der Prüfung für Wiederholungen.

Versuchen Sie dabei den Lernstoff mehr und mehr zu komprimieren.

Lernen Sie nicht bis zur letzten Minute.

Entspannen Sie sich. Überlegen Sie vorab, ob Sie sich eine Entspannungstechnik aneignen wollen.

Umsetzungshilfe

Was wollen Sie von den Hinweisen in diesem Kapitel umsetzen? Schreiben Sie sich bitte alle wichtigen Punkte auf. Nutzen Sie dazu die Umsetzungshilfe am Ende dieses Buches.

Das Gelernte umsetzen

Trotz guter Vorsätze: Nicht immer klappt es, das Gelernte im Arbeitsalltag umzusetzen. Deshalb hier noch zum Abschluss einige Tipps für die Umsetzung:

- **Mit dem Wichtigsten anfangen**
  Es gibt immer Dinge, die wichtiger sind als andere. Suchen Sie die wichtigen und dringlichen Punkte heraus und versuchen Sie, diese als Erstes umzusetzen.

- **Nicht zu viel auf einmal**
  Sie sollten sich nicht zu viel auf einmal vornehmen, sonst geht oft alles schief. Nehmen Sie sich einen oder zwei Punkte vor. Wenn Sie diese geschafft haben, kommen die nächsten dran.

- **Geduld haben**
  Nicht immer gelingt alles beim ersten Mal. Manchmal ist ein zweiter Anlauf notwendig. Überlegen Sie, warum etwas nicht geklappt hat, und versuchen Sie, diese Faktoren auszuschalten.

- **Oft geht es nur gemeinsam**
  Suchen Sie sich Kollegen, die ähnliche Ziele und Vorstellungen haben. Reden Sie mit ihnen über Ihr Vorhaben. Gemeinsam lassen sich neue Ideen meist besser umsetzen.

- **Belohnen**
  Seien Sie stolz auf sich, wenn Ihnen ein Lernfortschritt gelungen ist. Das ist nicht selbstverständlich. Am besten belohnen Sie sich mit einer Kleinigkeit. Dann steigt auch die Motivation, den nächsten Punkt anzugehen.

Literatur

Angermeier, W.: Praktische Lerntipps für Studierende aller Fachrichtungen. Berlin 1976

Arden, J. B.: Gedächtnistraining für Dummies. Weinheim 2007

Beyer, G.: Brain Fitness. Heidelberg 2007

Birkenbihl, V.: Trotzdem lernen. Heidelberg 2006

Heinecken, B. und T. Habermann: Lernpsychologie für den beruflichen Alltag. Heidelberg 1989

Klugemann, W. F.: Lerntechniken für Erwachsene. Stuttgart 1972

Metzig, W. und M. Schuster: Lernen zu lernen. Berlin u.a. 1982

Walther-Dumschat, S.: Mehr Erfolg bei Prüfungen und Klausuren. Heidenau 2006

Zintl, V.: Lernen mit System. München 2006

Schreiben Sie sich alle wichtigen Punkte auf, die Sie umsetzen und ausprobieren wollen.
Formulieren Sie die Punkte so, dass sie möglichst konkret sind.
Gewichten Sie, welche Punkte Sie als Erstes in welcher Reihenfolge in Angriff nehmen wollen. Notieren Sie sich eine Frist dazu.
Kontrollieren Sie, ob Sie den Punkt fristgerecht umgesetzt haben.

Priorität	Merkposten	Termin	Kontrolle
			☐
			☐
			☐
			☐
			☐
			☐
			☐
			☐
			☐
			☐
			☐
			☐
			☐
			☐
			☐
			☐

Stichwortverzeichnis

Glossar

A

Abendtyp   Menschen, deren Leistungshoch in den Abendstunden liegt.

Assoziationen   Voraussetzung für die Einbettung neuen Wissens im Gedächtnis. Wichtige Aufgabe des Dozenten ist es deshalb, Assoziationen zu schaffen, Neues mit Bekanntem zu verknüpfen.

Auditiver Lerntyp   Menschen, die besonders gut lernen, wenn die Informationen über das Ohr eingehen.

Auswendiglernen   Versuch, über mehrfache Wiederholung eine Verknüpfung von Wissensinhalten herzustellen.

B

Beispiel   Beispiele machen Stoff anschaulich und praxisnah. Achten Sie darauf, dass das Beispiel wirklich zum Stoff passt und nicht letztlich Lernen durch falsche Beispielwahl erschwert wird.

E

Eidetiker   Menschen, die ein inneres Bild von einmal Gesehenem im Gedächtnis abspeichern können.

Episodisches Gedächtnis   Gedächtnis, in dem Erlebnisse abgespeichert werden.

Eselsbrücken   Hilfen, um sich das Lernen und das Merken zu erleichtern.

G

Gedächtnis   Speicher für Wissensinhalte, Abfolgen und Erlebnisse.

H

Haptiker Lerntyp, der besonders gut lernt, wenn er etwas tun, Dinge »begreifen« kann.

Hören Einer der beiden leistungsfähigsten Sinneskanäle. Hören allein genügt aber nicht für einen bleibenden Lernerfolg, sondern es müssen noch Bilder hinzukommen.

I

Interesse Eine der wichtigsten Voraussetzungen für einen erfolgreichen Lernprozess.

K

Kommunikation Der Austausch mit anderen ist eine Möglichkeit zur Erleichterung des Lernens.

Konzentration Voraussetzung für einen guten Lernerfolg. Die Konzentration ist beim Menschen begrenzt, deshalb sind regelmäßige Erholungspausen wichtig.

Kurzzeitgedächtnis Gedächtnisform, in dem Sinneseindrücke für ca. 30 Minuten zwischengespeichert werden können.

L

Langzeitgedächtnis Form des Gedächtnisses, in dem Informationen dauerhaft abgespeichert werden.

Lerngesetze Prinzipien für erfolgreiches Lernen, die sich aus den Besonderheiten bei der Verarbeitung und Speicherung von Lernstoff im Gedächtnis ergeben.

Lerntyp Bevorzugter Sinneskanal beim Lernen.

Lernziele	Ziele, die am Ende des Lernprozesses erreicht sein sollen.
Loci-Technik	Technik, bei der Lernstoff mit einer bekannten Folge (etwa einer Wegstrecke) verbunden wird.

M

Mind Mapping	Methode, bei der Zusammenhänge visuell mithilfe von Begriffen und Verbindungen dargestellt werden.
Motivation	Wesentliche Voraussetzung für einen erfolgreichen Lernprozess.

P

Pausen	Die Konzentration beim Lernen ist beschränkt. Deshalb sollte nach spätestens 45 Minuten eine kürzere Pause, nach 90 Minuten Lernzeit eine längere Erholungspause eingeplant werden.
Procrastination	Tendenz, unangenehme Aufgaben aufzuschieben.

R

Rahmen-bedingungen	Bedingungen, unter denen Lernen stattfindet. Ungünstige Rahmenbedingungen können sich negativ auf das Lernen auswirken.
REM-Phasen	Tiefschlafphasen, in denen die Verarbeitung von Eindrücken geschieht.

S

Sägezahneffekt	Wiederholter Verlust der Konzentration durch Störungen.
Salami-Taktik	Strategie, umfängliche Arbeiten durch Aufsplitten in Teilabschnitte überschaubar zu machen.

Sehen	Wichtiger Sinneskanal. Um die Behaltensleistung zu verbessern, sollten Informationen Verbal (Hören) und Visuell (Sehen) vermittelt werden.
SQ3R-Methode	Methode, Texte systematisch zu analysieren und daraus zu lernen.
Störungen	Unterbrechungen beim Lernen, die die Konzentration beeinträchtigen.
Strukturierung	Grundprinzip des Lernens. Ziel der Strukturierung ist, den Lernstoff, in einen klaren und nachvollziehbaren Zusammenhang zu bringen.

U

Übung	Notwendiger Bestandteil jedes Lernprozesses.
Ultrakurzzeit-gedächtnis	Sensorisches Gedächtnis, in das alle über die Sinne eingehenden Eindrücke zwischengespeichert werden.

V

Veranschaulichung	Veranschaulichung unterstützt den Lernprozess. Es gibt zwei Formen: • sprachliche Veranschaulichung durch Beispiele und Vergleiche • bildliche Veranschaulichung durch gezielten Medieneinsatz
Vergessen	Natürlicher Prozess beim Lernen. Durch Übung und Anwendung des Gelernten kann dem Vergessen entgegengesteuert werden.

Vergleich	Hilfe zur Veranschaulichung vor allem abstrakter Zusammenhänge.
Visualisierung	Visuelle Darstellung von Zusammenhängen – besonders für visuelle Lerntypen eine wichtige Lernhilfe.

W

Wiederholung	Teil des Lernprozesses. Ohne Wiederholung lassen sich vor allem komplexe Inhalte nicht dauerhaft im Gedächtnis verankern.

Z

Zeitplanung	Genaue Planung des zeitlichen Bedarfs für die einzelnen Lernphasen.
Zielkontrolle	Überprüfung des Lernerfolgs, gesteuert über Lernziele.

GABAL: Ihr „Netzwerk Lernen" – ein Leben lang

Ihr Gabal-Verlag bietet Ihnen Medien für das persönliche Wachstum und Sicherung der Zukunftsfähigkeit von Personen und Organisationen. „GABAL" gibt es auch als Netzwerk für Austausch, Entwicklung und eigene Weiterbildung, unabhängig von den in Training und Beratung eingesetzten Methoden: GABAL, die **G**esellschaft zur Förderung **A**nwendungsorientierter **B**etriebswirtschaft und **A**ktiver **L**ehrmethoden in Hochschule und Praxis e.V. wurde 1976 von Praktikern aus Wirtschaft und Fachhochschule gegründet. Der Gabal-Verlag ist aus dem Verband heraus entstanden. Annähernd 1.000 Trainer und Berater sowie Verantwortliche aus der Personalentwicklung sind derzeit Mitglied.

Lernen Sie das Netzwerk Lernen unverbindlich kennen.
Die aktuellen Termine und Themen finden Sie im Web unter **www.gabal.de.**
E-Mail: info@gabal.de.

Telefonisch erreichen Sie uns per 06132.509 50-90.

Die Mitgliedschaft gibt es quasi ab 0 Euro!
Aktive Mitglieder holen sich den Jahresbeitrag über geldwerte Vorteil zu mehr als 100% zurück: Medien-Gutschein und Gratis-Abos, Vorteils-Eintritt bei Veranstaltungen und Fachmessen. **Hier treffen Sie Gleichgesinnte, wann, wo und wie Sie möchten:**

- Internet: Aktuelle Themen der Weiterbildung im Überblick, wichtige Termine immer greifbar, Thesen-Papiere und gesichertes Know-how in form von White-papers gratis abrufen
- Regionalgruppe: auch ganz in Ihrer Nähe finden Treffen und Veranstaltungen von GABAL statt – Menschen und Methoden in Aktion kennen lernen
- Jahres-Symposium: Schnuppern Sie die legendäre „GABAL-Atmosphäre" und diskutieren Sie auch mit „Größen" und „Trendsettern" der Branche.

Über Veröffentlichungen auf der Website (Links, White-papers) steigen Mitglieder „im Ansehen" der Internet-Suchmaschinen.
Neugierig geworden? Informieren Sie sich am besten gleich!

„Es ist viel passiert, seit Gründung von GABAL: Was 1976 als Paukenschlag begann, ... wirkt weit in die Bildungs-Branche hinein: Nachhaltig Wissen und Können für künftiges Wirken schaffen ..."
(Prof. Dr. Hardy Wagner, Gründer GABAL e.V.)